Barbara Heider-Rauter

Die ENTFALTUNG des Lichtkörpers

Ein Begleiter für die spirituelle Entwicklung

Schirner Verlag

Die Ratschläge in diesem Buch sind sorgfältig erwogen und geprüft. Sie bieten jedoch keinen Ersatz für kompetenten medizinischen Rat, sondern dienen der Begleitung und der Anregung der Selbstheilungskräfte. Alle Angaben in diesem Buch erfolgen daher ohne Gewährleistung oder Garantie seitens der Autorin oder des Verlages. Eine Haftung der Autorin bzw. des Verlages und seiner Beauftragten für Personen-, Sach- und Vermögensschäden ist ausgeschlossen.

Wir verzichten auf das Einschweißen unserer Bücher – **UNSERER UMWELT ZULIEBE!**

ISBN Printausgabe: 978-3-8434-1484-5
ISBN E-Book: 978-3-8434-6471-0

Barbara Heider-Rauter:
Die Entfaltung des Lichtkörpers
Ein Begleiter für die
spirituelle Entwicklung

Umschlag: Elena Lebsack, Schirner, unter Verwendung von # 1035309715 (© Vladi333), # 1276368010 (© Olga Hmelevskaya), # 1471790456 (© Birgit Muench), # 788810032 (© Croisy) und # 1703547052 (© Veronika By), www.shutterstock.com
Layout: Hülya Sözer, Schirner
Lektorat: Katja Hiller, Schirner
Printed by: Ren Medien GmbH, Germany

www.schirner.com

Erweiterte Neuausgabe 2021 – 1. Auflage September 2021

Inhalt

Ein paar PERSÖNLICHE WORTE zum Einstieg

Bereits sehr früh in meinem Leben konnte ich die feinstofflichen Felder wahrnehmen, die unseren physischen Körper umgeben. Ich sah auf diese Weise Zusammenhänge, die ich bis dahin noch nicht bemerkt hatte, und erhielt Einblick in ganze Lebenskonzepte. Damals gab es jedoch niemanden in meinem direkten Umfeld, der mir meine tieferen Einsichten und Empfindungen erklären konnte. Ich musste mich also auf die Erklärungen meiner feinstofflichen Freunde, meiner Engel und geistigen Führer, verlassen und auf meine eigenen Wahrnehmungen vertrauen.

Später erkannte ich, welch großer Vorteil das für meine persönliche Entwicklung und meinen Weg des Erwachens war, denn meine Informationen waren nicht von einer anderen menschlichen Meinung gefärbt, sondern sie entstammten pur und unverfälscht der Quelle allen Seins. So lernte ich bereits in sehr jungen Jahren, meiner Intuition und meinen sensitiven Wahrnehmungen volles Vertrauen zu schenken.

Erst viel später konnte ich meine Erfahrungen mit Menschen austauschen, die einen ähnlichen Einblick in die Geistigen Welten hatten. Ich erkannte, dass ein Teil meiner Einsichten mit dem Lebensplan der Menschen zu tun hatte, dass mir die perfekte Blaupause gezeigt wurde und dass es darum ging, diesen individuellen Plan, den sich jeder Mensch in seine Inkarnation mitbringt, zu erkennen und zu verwirklichen.

Schon immer war ich sehr interessiert an den Menschen und ihren unterschiedlichen Lebenswegen. Es ist mir ein wichtiges Anliegen, die einfachen geistigen Gesetzmäßigkeiten weiterzugeben, die ich im Laufe meines Lebens erkannt habe. Den Menschen eine Wegweiserin zu ihrem inneren Licht zu sein und sie auf liebevolle Weise auf ihrem Weg zu unterstützen, das ist mir eine große Herzensangelegenheit.
Der Weg des Erwachens ist einfach, aber auch sehr tiefgründig. Er erfordert Ausdauer und den Willen, uns selbst wirklich in all unseren Facetten erkennen zu wollen. Durch unsere Erziehung entfernen wir uns normalerweise von unserem wahren Selbst, der Zugang zu uns wird uns aberzogen, und wir nehmen die unterschiedlichsten Muster und Glaubenssätze von anderen an. Diese sind uns jedoch eher hinderlich auf unserer Reise zu uns selbst. Erwachen heißt, unsere Essenz, unsere Begabungen, unsere Talente und all unsere lichtvollen Fähigkeiten zu erkennen, sie zu entwickeln und sie zum Wohl von uns selbst und allen Wesen einzusetzen.
Wenn dein Lichtkörper voll entfaltet ist, hast du wieder Zugang zu deinem ganz individuellen Inkarnationsschatz, zu all deinen Talenten und Fähigkeiten, die du dir hier auf die Erde mitgebracht hast. Nimm diese Chance für dich wahr, und lasse dein Licht in vollem Umfang erstrahlen.

Du bist eine lichtvolle Seele, die sich inkarniert hat, um ihr Licht in die Dunkelheit der irdischen Verstrickungen fallen zu lassen. Mit deinem Licht bringst du einen Unterschied auf diesen Planeten. Strahle und funkle, werde wieder zu dem leuchtenden Stern, der du in Wahrheit immer schon bist.

Alle Übungen und Gedanken in diesem Buch sind als liebevolle und einfache Anregungen für deinen Tagesablauf gedacht und stellen auf keinen Fall ein Muss dar. Sie erheben schon gar nicht den Anspruch auf die einzige Wahrheit oder Vollkommenheit. Sie sind eine Sammlung der Tipps, Gedanken und Übungen, die mir und den vielen Menschen, die bei mir Seminare oder Workshops besucht haben, auf dem Weg der Lichtkörperentwicklung sehr hilfreich waren und sind. Ich freue mich, wenn für dich etwas Passendes dabei ist und ich dir mit diesen Zeilen eine Wegweiserin bei deiner Lichtkörperreise sein darf.

Vielleicht vermisst du spektakuläre Übungen oder kaum zu bewältigende Aufgaben. Eine alte Konditionierung von uns Menschen ist ja, zu glauben, dass nur das, was wir uns hart und unter Entbehrungen erarbeiten, erfolgreich sein wird. Bei deinem spirituellen Wachsen wird dir dieser Glaubenssatz aber eher hinderlich sein.

Der Grund dafür ist, dass die Entwicklung deines Lichtkörpers in deinem täglichen Leben stattfindet. Wenn du das verstehst und bereit bist, deine Energien dafür zu verwenden, dein tägliches Leben lichtvoller zu gestalten, dann bist du auf dem besten und schnellsten Weg zur vollen Entfaltung deines höchsten Lichtpotenzials. Das Geschenk deiner täglich gelebten Lichtkörperentwicklung ist dann, dass dein Leben einfacher, lichtvoller, liebevoller, zufriedener und reicher wird.

Die schwierigen Übungen, nach denen du vielleicht suchst, und die tausend Schritte, von denen du glaubst, dass du sie gehen musst, sind nichts im Vergleich dazu, wenn du deine Bereitschaft für das tägliche Üben deiner allerhöchsten Qualitäten unter Beweis stellst.
Erinnere dich daran, was du schon alles getan oder gelesen und bald darauf wieder vergessen hast. Warum? Weil du es nicht in dein tägliches Leben integriert, sondern ihm eine Sonderstellung für eine spezielle Zeit gegeben hast.
Die schwierigste und herausforderndste Übung überhaupt, die du dir auferlegen kannst, ist, dein tägliches Leben bewusst und lichtvoll zu leben und all die Eigenschaften des höchsten Erwachens immer und überall zu üben, bis sie für dich selbstverständlich werden und du sie vollkommen integriert hast.
Dann ist dein Lichtkörper bereit, sich voll zu entfalten und dir die Einblicke in die Mysterien des Lebens zu offenbaren. Dann wirst du zum Schöpfer und entfaltest deine lichtvolle Macht.

Ich wünsche dir aus tiefstem Herzen
bedingungslose Liebe, Mut, Ausdauer
und das Verständnis dafür, dass
deine Lichtkörperentwicklung ein
kontinuierliches, freudvolles, täglich
gelebtes Abenteuer sein darf.

Was ist der Lichtkörper?

Der Lichtkörper ist reines Bewusstsein. Und je stärker du ihn entwickelst, desto besser ist dein Zugang zu all deinen sensitiven Fähigkeiten.

Der Lichtkörper ist die lichte, vollkommene und für die meisten Menschen unsichtbare Hülle um unseren feststofflichen Körper, mit der jeder von uns geboren wird. Er ist nicht gleichzusetzen mit unserer Aura, aber sie ist in ihm enthalten. Der Lichtkörper besteht, wenn der physische Körper mitgezählt wird, aus acht Schichten oder Sphären, in denen sowohl alle unsere irdischen Themen als auch deren Lösungen mehr oder weniger feinstofflich gespeichert sind.

Je weiter entfernt vom physischen Körper die Themen liegen, desto komplizierter und schwerer aufzulösen sind sie, bis sie in der achten Sphäre, der ketherischen Blaupause, bereits im erlösten Stadium sind. Sobald wir beginnen, unseren Lichtkörper zu entwickeln, schälen wir uns Schicht für Schicht aus den irdischen Verstrickungen und Illusionen heraus. Diese Entwicklung ist ein längerer Bewusstseinsprozess, und auch bei diesem ist es wichtig, ihn Schritt für Schritt zu gehen. Weil du mit einem voll entwickelten Lichtkörper Zugang zu Fähigkeiten bekommst, die das normale irdische Dasein und Verständnis weit übersteigen, ist es sehr wichtig, dass du dafür auch bereit bist.

Die acht Körper, Sphären oder Schichten, in denen unsere Themen und Blockaden Reinigung erfahren und durchlichtet bzw. erleuchtet werden, sind folgende:

1. **Der feststoffliche bzw. physische Körper**
   Er ist verbunden mit dem EXISTIEREN. In ihm geht es darum, dass sich alle deine Körpersysteme im Gleichgewicht befinden. Auch deine Gesundheit bzw. Krankheiten sind hier gespeichert. Diese Schicht ist ein sehr wichtiges Übungsfeld, denn wir lehnen unseren physischen Körper oft ab. Je besser wir ihn behandeln und pflegen, desto einfacher gelingt uns der Aufstieg in die achte Sphäre. Dein Körper ist der Tempel deiner Seele, sei dir dessen immer bewusst.

2. **Der ätherische Körper**
   Diese Schicht ist verbunden mit dem SEIN. Hier wird deine Lebensenergie im Fluss gehalten und das Yin und Yang ausbalanciert. Diese Sphäre ist ein wundervolles Betätigungsfeld, um die duale Welt in dir in Harmonie zu bringen. Deine männlichen und deine weiblichen Anteile können in diesem Teil deines Lichtkörpers Ausgleich erfahren. Wenn du zu einer neuen Vereinigung der dualen Energien in dir gelangst und in die Einheit eingetaucht bist, hast du einen großen Schritt auf deiner Lichtkörperreise getan.

3. **Der emotionale Körper**
   Der Emotionalkörper ist verbunden mit dem ECHTEN FÜHLEN. In dieser Schicht werden deine Gefühle wieder in den Fluss gebracht, und alle emotionalen Blockaden können aufgelöst werden. In ihr ist neben allen anderen Emotionen auch deine Selbstliebe gespeichert, und das ist ein wahrhaft weites Übungsfeld in unserer Welt. Deine Gefühle haben eine große Macht und einen direkten Einfluss auf den Ablauf deines Lebens. In dieser Sphäre erhältst du die Chance, Klarheit über deine Gefühle und ihre schöpferische Kraft zu erlangen.

4. **Der mentale Körper**
   Er ist verbunden mit dem KLAREN DENKEN. All deine Glaubenssätze, deine Gedankenmuster und deine Konditionierungen sind in ihm gespeichert. Bewusstheit über die Macht deiner Gedanken wird hier entwickelt. Deine Gedanken tragen Schöpferkraft in sich, sodass sich dein Leben zu dem gestaltet, was du denkst. Wenn du dein Denken in den Dienst des Lichts und der Liebe stellst, hast du einen riesigen Schritt auf deinem Weg des Erwachens getan.

5. **Der astrale Körper**
   Der Astralkörper ist verbunden mit dem LIEBEN. In dieser Sphäre wird alles bereinigt, was dich von der wahren Liebe abhält. Sobald du deine Liebe für alle Wesen auf diesem Planeten entdeckst und auch mit jedem Atemzug lebst, dehnt sich dein Liebespotenzial um ein unvorstellbar Vielfaches aus. Liebe ist die größte Kraft in unserem Universum, sie unterstützt uns dabei, Berge zu versetzen und Wunder zu vollbringen.

6. **Die ätherische Blaupause**
   Diese Schicht ist verbunden mit dem GÖTTLICHEN WILLEN. In ihr geht es um die Erkenntnis, dass der Fokus im Leben auf der Energie von »Dein Wille geschehe« vor »Mein Wille geschehe« liegt. Dies ist eine tiefe Erkenntnis, die bis in deine Zellen hineinreichen kann. Du wirst dadurch bereit, dich als Gefäß für den göttlichen Fluss bereitzustellen, anstatt alles selbst regeln und bestimmen zu wollen. Hierin liegt die größte Herausforderung für dein Ego.

7. **Der himmlische Körper**
   Der himmlische Körper ist verbunden mit der GÖTTLICHEN LIEBE. Bedingungslose Liebe und bedingungsloses Mitgefühl für alles Lebendige und für alle Wesen im sichtbaren und im feinstofflichen Raum werden in dieser Sphäre geschult und erfahren Reifung. Die Voraussetzung für diese göttliche Form der Liebe ist deine bedingungslose Selbstliebe.

8. **Die ketherische Blaupause**
   Diese Schicht des Lichtkörpers ist verbunden mit der GÖTTLICHEN ERKENNTNIS. In ihr liegt deine Bereitschaft verborgen, zu erkennen, dass du eins mit der Schöpferquelle und mit allem Sein bist.

Einige der Lichtkörperschichten enthalten mehr Blockaden und Themen, die es zu klären gilt, als andere. Das ist ganz natürlich und bei jedem Menschen so. Wichtig ist, dass alle deine Lichtkörperschichten gleichermaßen gereinigt, befreit, mit Licht durchflutet und aktiviert werden.

Der Lichtkörperprozess verläuft in zwölf Schritten oder Stufen. Jeder einzelne Schritt durchläuft zudem jede dieser acht Schichten des Lichtkörpers. Es ist also verständlich, dass das Erwachen und die vollständige Aktivierung deines Lichtkörpers einige Zeit in Anspruch nimmt. Geduld und Ausdauer sind Tugenden, die dir auf deiner Reise hin zu einem voll erwachten Leben sehr dienlich sind. Wenn du beginnst, in die ewig gültige Weisheit der Schöpfung einzutauchen, fängst du auch an, das wirklich Wesentliche deiner irdischen Inkarnation zu verstehen.
Mit jeder Stufe, die du erklimmst, weitet sich dein Horizont, werden deine Erkenntnisse tiefer und dein Blick hinter die Schleier der Illusion klarer. Je weiter deine Lichtkörperschichten sich entwickeln, desto einfacher wird sich auch dein Leben gestalten. Erwachen ist eine Reise, die dich tief zu deiner ureigenen Essenz führt. Sie offenbart dir eine Wahrheit, die hinter jeder erlernten Wahrheit liegt. Das Erwachen deines Lichtkörpers enthüllt dir deinen wahren Ursprung und deine Seelenaufgabe. Je tiefer du dich auf diese Entwicklung einlassen kannst, desto strahlender wird dein Licht leuchten, und alle Menschen um dich herum werden ebenfalls durchlichtet.

Auf dem Weg zu deinem erwachten Lichtkörper wirst du lernen, wie du Gedanken und Gefühle, die dich betrüben, verwandeln kannst, wie du in ein tieferes Verständnis des Makrokosmos findest, wie du essen, schlafen, dich waschen, atmen und lieben kannst, denn das tägliche Leben in all seinen banalen Kleinigkeiten ist dein wahres Übungsfeld.
Alle deine Probleme und Herausforderungen sind leicht zu lösen, wenn du dich selbst und deine Struktur besser verstehst, wenn du die Kräfte, die in dir wirken, und deine tiefe Verbindung zum Universum für wahr hältst.

Die feinstoffliche und unsichtbare Ebene des Lebens kannst du nicht mit deinem Verstand erfassen, sondern einzig und allein über deine sensitive Empfindung erfahren. Je weiter dein Lichtkörper entwickelt ist, desto klarer wirst du in deiner Wahrnehmung. Um das Geistige wahrhaft zu erkennen, müssen wir uns seinem Rhythmus und seiner Schwingungsfrequenz annähern, denn nur, wenn wir gleich schwingen, öffnen sich uns diese Welten.

Welchen Vorteil hat ein voll entwickelter **LICHTKÖRPER?**

Durch die Entwicklung deines Lichtkörpers kannst du dich immer mehr aus den irdischen Verstrickungen lösen. Deine Gefühle stabilisieren sich, du hast einen gesünderen Körper und bist zufriedener und stärker. Du ziehst erfüllende Partnerschaften an oder bekommst die Möglichkeit, deine bereits bestehende Partnerschaft in eine neue Qualität von Harmonie und gelebter Liebe zu bringen. Deine Sensitivität ist voll entfaltet, und du erhältst einen tieferen Zugang zu deinen Talenten und Fähigkeiten.

Wenn dein Lichtkörper voll ausgebildet ist, verändert sich deine Energie, und auch dein gesamtes Umfeld und all die Ereignisse, die du in dein Leben einlädst, werden sich wandeln. Du bist in deiner Liebe fest verankert und dadurch fähig, allen Anforderungen gelassen und in der Kraft der Liebe, des Friedens und der Harmonie zu begegnen. Bereits auf deiner Entwicklungsreise werden all diese Fähigkeiten sichtbar. Je weiter du auf deinem Weg kommst, desto stärker zeigen sich deine Fähigkeiten, deine Talente und deine wahre Seelenqualität.
Mit der Entwicklung deines Lichtkörpers beginnst du, aus deinem Körper ein göttliches Instrument des Geistes zu formen. Mit deinem Klang bezauberst du die Welt und bringst das reine Licht der himmlischen Liebe auf deine ganz individuelle Weise zu den Menschen, zur Erde selbst und letztlich zu allen Lebewesen.

Ein voll entwickelter Lichtkörper setzt dein vollkommenes Erwachen voraus. Ein tiefes Verständnis nimmt Raum in dir ein, dass deine physische Präsenz ein Abbild dessen ist, was du in den Welten der reinen Schwingungsfrequenz und des Lichts bist. Je lichtvoller du wirst, desto weniger wirst du an die Gesetze des Karma gebunden sein. Du beginnst, die Wirkung von Karma und Dharma auf der geistigen Ebene zu verstehen, und kannst in deiner irdischen Inkarnation aus dem ewigen Rad der karmischen Verstrickungen aussteigen und dein Leben sowie alle, die daran beteiligt sind, befreien.
Sobald du dich für dein Erwachen und deinen Lichtkörperprozess entscheidest, klären sich dein ganz persönliches Karma und auch die Schattenthemen deines Ichs. Je lichtvoller du bist, desto weniger Schatten sind in dir.

Einer der schönsten Effekte deines voll entwickelten Lichtkörpers aber ist, dass du selbst zu dem strahlenden Licht wirst, das du in Wahrheit von Anbeginn der Zeit bist.

SYMPTOME, die du während deines Erwachens WAHRNEHMEN kannst

Jeder einzelne Schritt auf diesem Entwicklungsweg enthält unterschiedliche Themenkreise. Die Klärung dieser Themen kann von Symptomen auf der physischen, emotionalen oder auch mentalen Ebene begleitet sein. Weil dein feststofflicher Körper vermehrt von Licht und einer hohen Frequenz durchströmt wird, treten alle Blockaden und Disharmonien zutage. Du bringst Bewegung in die unterschiedlichen Bereiche deines Lebens, und überall dort, wo das Licht hinfließt, findet auch eine mehr oder weniger starke Reaktion statt.
Alte Muster, Ängste, verdrängte Ereignisse, alle möglichen Formen von energetischem Ballast, die sich im Laufe der Jahre in den feinstofflichen Sphären des Lichtkörpers abgelagert haben, haben auch Spuren in deinem physischen Körper hinterlassen. Die unterschiedlichen Themen sind dabei verschiedenen Organen und Körperregionen zugeordnet. Deshalb ist es auch verständlich, dass mit dem Beginn und dem weiteren Fortschritt deiner Lichtkörperentwicklung Reaktionen einsetzen, denn Licht strömt in die angesammelten Lebenslasten, und vieles, was im Verborgenen war, kommt nun an die Oberfläche und damit ins Sichtbare.

Wenn du außergewöhnliche körperliche Reaktionen verspürst, solltest du zuerst einen geschulten medizinischen Berater deines Vertrauens aufsuchen und mit seiner Hilfe herausfinden, ob deine Symptome tatsächlich eine Reaktion auf deine Entwicklung sind oder ob andere Ursachen zugrunde liegen. Die Symptome und Reaktionen können unterschiedlicher Natur sein, denn jeder von uns ist individuell, und auch die Reaktion auf die Schwingungserhöhung unseres Körpers ist sehr verschieden.

Beobachte dich, und ordne ein, was du wahrnimmst. Nimm Rücksicht auf dich und dein ganz persönliches Entwicklungstempo. Meiner Erfahrung nach sind es meist die völlig unerwarteten Symptome, die in Resonanz mit einer Schwingungserhöhung stehen. Diese Reaktionen treten plötzlich und auch heftig auf, und meist reagiert der physische Körper völlig anders, als wir es gewohnt sind. In den vergangenen Jahren hat sich der Prozess der Schwingungserhöhung und des Erwachens des Lichtkörpers um ein Vielfaches beschleunigt. Als Folge davon können die Reaktionen und Symptome heftiger ausfallen. Immer häufiger beobachte ich, dass unterschiedliche Entwicklungsschritte nicht mehr nacheinander, sondern parallel verlaufen, dementsprechend verstärkt finden auch Reaktionen statt.

Symptome auf der körperlichen Ebene

- anhaltende Müdigkeit bis hin zu einem Gefühl von extremer Erschöpfung
- unerklärliche Fieberschübe
- heftige Kopfschmerzen
- Muskel- und Gliederschmerzen
- plötzliche Sehstörungen, allem voran verschwommenes Sehen

- Herzschmerzen und auch Herzrhythmusveränderungen
- ungewöhnliche Hautreaktionen
- Überempfindlichkeit gegen Lärm, Gerüche und grelles künstliches Licht
- Hörstörungen
- ungewöhnliche Gewichtsschwankungen
- Druck auf dem Dritten Auge und/oder der Schädeldecke
- unergründliche Übelkeit und/oder Erbrechen
- Durchfall und/oder Verstopfung
- unerklärliche Hitzewallungen oder starkes Frösteln
- Schwindel
- ein stark veränderter Menstruationszyklus bis hin zum Ausbleiben der Periode
- Schlafstörungen, z. B. Einschlafschwierigkeiten oder mehrmaliges nächtliches Aufwachen

Symptome auf der mentalen Ebene

- plötzlich auftretende Gedächtnislücken
- allgemeine Vergesslichkeit
- Schwierigkeiten, die richtigen Worte zu finden
- Benommenheit
- stark verminderte Konzentrationsfähigkeit
- ein langsameres Tempo in allem
- Desorientierung

Symptome auf der emotionalen Ebene

- unerklärliche Angstzustände bis hin zu Panikattacken
- starke und scheinbar grundlose Stimmungsschwankungen

Wenn du bemerkst, dass dein System in Resonanz geht, gönne dir eine längere Auszeit. Schlafe mehr, iss frische und gesunde Lebensmittel (am besten vegetarisch), trinke ausreichend gutes Wasser, gehe so oft wie möglich in die Natur, meditiere in der Stille, und tue alles, was dich entspannt. Bitte deine Helfer aus den Geistigen Welten um Unterstützung, und folge ihren Anweisungen. Deine Schwingungserhöhung bedeutet teilweise Schwerstarbeit für deinen Körper, deshalb sei gnädig mit ihm, überfordere ihn nicht, und gehe nur so viele Schritte auf einmal, wie es auch für ihn gut verträglich ist. Du kannst es dir so vorstellen, als würdest du im Verlauf deiner Lichtkörperentfaltung völlig neu zusammengesetzt und neu vernetzt. Dass dieser umwälzende Prozess Reaktionen hervorruft, ist verständlich, und deshalb kann ich dir nicht oft genug sagen, dass sich dein Erfolg durch die Kontinuität und nicht durch die Schnelligkeit einstellen wird.

Es fällt uns meist leicht, geistige Zusammenhänge schnell zu durchschauen und in unserem Kopf umzusetzen. Aber es ist etwas ganz anderes, diese Erkenntnisse auch in unseren physischen Körper zu integrieren. Dafür benötigen wir Zeit, Geduld und auch Ausdauer, denn unser Körper ist das Feststofflichste an uns und deshalb nicht ganz so schnell, wie wir es uns manchmal wünschen würden.
Dein Körper ist aber auch der Tempel, der deine Seele beherbergt, und deshalb ist es von höchster Wichtigkeit, dass du ihn pfleglich und liebevoll behandelst, dass du lernst, seinem ganz individuellen Rhythmus zu folgen. Gehe immer einen Schritt nach dem anderen. Es ergibt keinen Sinn, Stufen überspringen zu wollen, denn das holt dich irgendwann mit Sicherheit ein.

Du wirst bemerken, wie sich deine Lichtkörperentwicklung deinem physischen Tempo anpasst und dass so etwas wie ein harmonischer Tanz von Körper und Geist in dir entsteht. Sobald du deinem spirituellen Erwachen folgst, kannst du es nicht mehr stoppen, und es ist unmöglich, dass du zu langsam bist oder sogar, wie vielleicht in deinen schlimmsten Befürchtungen, versagst. Vertraue darauf, dass du genau das richtige Tempo spüren kannst, immer zur richtigen Zeit am richtigen Ort bist und auch immer das Richtige tust.

An dieser Stelle habe ich eine sehr wichtige Botschaft für dich: Die Entwicklung deines Lichtkörpers soll dir Freude bereiten. Ausdauer ist sehr erwünscht, Verbissenheit aber nicht zuträglich.

Die **ENTFALTUNG DES LICHTKÖRPERS** ist keine Erfindung der Neuen Zeit

In allen Mysterienschulen, gleichgültig, zu welcher Zeit oder auf welchem Erdteil sie angesiedelt waren, wurde das Wissen über den Lichtkörper und seine Schulung weitergegeben. Sogar im Neuen Testament wird erwähnt, dass wir einen unvergänglichen Körper besitzen, einen Körper aus reinem Licht, den sogenannten Lichtkörper.

Jeder von uns ist mit einem Lichtkörper geboren. Als wir jedoch in die feste Materie inkarnierten, haben wir vergessen, wie wir diesen Körper pflegen und nähren. Dadurch haben wir unserem Lichtkörper die Möglichkeit genommen, sich zu entwickeln und zu manifestieren. Wir haben den Kontakt zu unserer himmlischen Lichthülle verloren oder nur sehr eingeschränkt gelebt, und das hat uns tief in die Schwere der Materie eintauchen lassen. Das volle Bewusstsein über unseren lichten Körper und die spirituelle Entwicklung, die wir mit seiner Aktivierung durchlaufen, führen uns aus den irdischen Wirren und Illusionen. Durch unsere Bereitschaft, den Weg des Erwachens zu gehen, beginnen wir, die Mysterien der Schöpfung wahrzunehmen, haben wir die Chance, hinter die Schleier des Vergessens zu blicken und unsere reine himmlische Essenz nicht nur zu entdecken, sondern sie auch in unserem Alltag, ja, mit jedem Atemzug zu leben.

Wir leben in einer Zeit, in der dieses alte Wissen von der Existenz und den Entwicklungsmöglichkeiten des lichten Körpers wieder in unser Bewusstsein kommt und für alle Menschen zugänglich gemacht wird. Sobald wir uns mit der Entfaltung unseres Lichtkörpers beschäftigen, ihn nähren, pflegen und stärken, können wir in unsere ursprüngliche Vollkommenheit zurückfinden.

Wir müssen bewusst werden, aufwachen aus dem Einerlei des Alltags, uns öffnen für die Ganzheit, und vor allem müssen wir aktiv werden. Wenn wir unseren Lichtkörper wieder zur vollen Entwicklung bringen, erlangen wir all unsere ursprünglich angeborenen Kräfte zurück. Wir werden wieder aktive Schöpfer unseres Lebens und leben unsere Sensitivität als eine völlig natürliche Begabung. Mit dem Erwachen unseres Lichtkörpers erkennen wir unsere göttliche Seelenkraft an.
Das Verständnis der Mysterien des Seins und des Lebens in der Dualität hier auf der Erde ist dann nicht länger eine Herausforderung für uns, sondern gehört zum Spiel des Lebens, das wir genießen können, anstatt es als schwer und ungerecht zu empfinden. Die Entwicklung unseres Lichtkörpers ist eine tiefe spirituelle Reise zu unserer Seelenessenz. Wir verlassen mit dem Beginn die Froschperspektive, die bisher unser Leben und unsere Sicht geprägt hat, und erheben uns in die übergeordnete Sicht eines Adlers.

Nur mit einem voll entwickelten Lichtkörper hast du die Möglichkeit, all das Lichtvolle und Heilbringende, von dem du jetzt schon träumst, für dich, andere Menschen, die Tiere und die Pflanzen, Mutter Erde und alle Lebewesen zu vollbringen. Hellsehen, Hellhören, Hellfühlen, die Arbeit mit Heilenergie, Telepathie oder Telekinese, all dies kannst du mit dem entwickelten Lichtkörper wieder voll ausleben. Durch die Vernachlässigung oder das gänzliche Vergessen deines Lichtkörpers bist du aus deiner Kraft und auch aus deiner natürlichen Macht gegangen.

Die Entfaltung deines Lichtkörpers ist eine Erinnerung an eine Vollkommenheit, die wir auf der Erde viele Jahrhunderte lang nur in den seltensten Fällen angetroffen haben. Welch eine gesegnete Zeit ist die, in der wir gerade leben! All das Wissen über die Entwicklung unseres Lichtkörpers und die damit verbundene Kraft und Macht, die früher nur den Eingeweihten und den Herrschern der Welten zur Verfügung standen, werden uns nun offenbart. Jeder von uns hat die Möglichkeit, in dieser Lebenszeit in seine volle Entfaltung zu kommen und seine ureigene Bestimmung zu erfahren.

Dein Lichtkörper ist ewig. Deshalb ist seine Entwicklung wie eine Erinnerung, die in dir nur darauf wartet, erneut belebt zu werden.

Was kannst du für die Entwicklung deines **LICHTKÖRPERS** tun?

Es gibt unterschiedliche Seminare, Bücher, Schulen und Wege zur Entwicklung des Lichtkörpers. Eines wird aber sehr häufig übersehen, gleichgültig, was du lernst, übst oder trainierst: Solange du nicht ganz in deinem Körper und auf der Erde angekommen bist, wirst du immer nur bis genau zu der Barriere kommen, die deine Entwicklung begrenzt.

Die Lichtkörperentwicklung – oder sollen wir besser sagen, die Erinnerung daran, dass wir diesen Lichtkörper haben – findet jetzt, in diesem Leben, hier auf der Erde statt, denn in anderen Dimensionen hast du andere Aufgaben. Dort ist dein Lichtkörper für dich kein Thema, denn du lebst bereits im Bewusstsein des Lichts. Im Hier und Jetzt aber geht es darum, deinen irdischen und deinen lichten Körper zu vereinen und keinen der beiden zu vernachlässigen. Die Aufgabe des Lebens auf der Erde ist es, die Erkenntnis zu erlangen, dass wir uns durch die Erinnerung und Anbindung an unseren Lichtkörper wieder zu den vollkommenen Wesen entwickeln, die wir in anderen Dimensionen sind. Die Lichtkörperentwicklung gehört zu dem Schulungsprogramm hier auf der Erde, das wir irgendwann einmal angenommen haben. Durch das Vergessen unseres lichten Körpers, in das wir mit der Geburt oder der Landung in unserem physischen Körper gegangen sind, haben wir uns überhaupt erst die Möglichkeit gegeben, unsere Vollkommenheit durch alle irdischen Schleier hindurch wiederzuerkennen. Deshalb ist es unerlässlich für dich, deinen irdischen Körper voll anzuerkennen. Solange du deine Inkarnation nicht vollkommen angenommen hast, zu der eben auch die Dualität, die Erde und dein feststofflicher Körper gehören, wirst du deinen Lichtkörperprozess nicht vollenden können.

Erinnere dich daran, dass du bereits mit einem vollkommenen Lichtkörper geboren wurdest und nur durch die Umstände und die feststoffliche Orientierung auf der Erde vergessen hast, dass er existiert.
Weil du dich nicht mehr an ihn erinnert hast oder es dir aberzogen wurde, hast du aufgehört, deinen lichten Energiekörper zu nähren und zu pflegen.

Die Entwicklung deines Lichtkörpers braucht Zeit, Übung und die Integration in dein tägliches Leben. Welchen Sinn hat deine Entwicklung, wenn du sie nicht in deinem Alltag ein- und umsetzen kannst?
Verstehe, dass du deinen Lichtkörper jetzt für dein tägliches Leben auf diesem wundervollen Planeten wiederentdeckst und ausbildest, damit du lernst, all deine wiedererlangten Talente

und Fähigkeiten zum Wohl aller Lebewesen auf der Erde und natürlich auch für dich selbst einzusetzen.
Dieses Buch soll dir eine Hilfe dabei sein, deiner Lichtkörperarbeit, d. h. den Übungen, in deinem Leben einen Platz zu geben. Alle Eigenschaften, die du durch deine tägliche Bewusstheit in dein Leben integrierst, unterstützen deine Reise. Bei der Entwicklung deines Lichtkörpers geht es nicht um spektakuläre geistige Verrenkungen, sondern darum, wie du lernst, in deinem Alltag mit dieser Bewusstseinserweiterung und all den neuen Möglichkeiten umzugehen. Die Entwicklung deines Herzzentrums zur bedingungslosen und täglich gelebten Liebe sollte dein vorrangiges Ziel sein.

Es ist mir ein großes Anliegen, dass du verstehst, dass allein durch die tägliche Praxis wirklich Entwicklung stattfinden kann. Alle Anregungen in diesem Buch sind sehr einfach und unspektakulär, sie liefern dir jedoch ein großartiges Ergebnis. Sie sind seit vielen Jahren und von vielen Menschen erprobt, deshalb biete ich sie dir an.

Deine Verantwortung ist es, mit dem Prozess zu beginnen und alles, was du lernst, jeden Tag in die Praxis umzusetzen. Wenn es dir manchmal vielleicht zu langsam geht, denke an einen Samen, den du in die Erde legst. In diesem Samen ist bereits die gesamte Pflanze enthalten, obwohl du noch gar nichts von ihr

erkennen kannst. Dann beginnst du, den Samen zu nähren und zu pflegen, und erfreust dich daran, zu beobachten, wie aus ihm eine starke, große und gesunde Pflanze wird.
Genauso verhält es sich mit deinem Lichtkörper. Der vollkommene, vollendet entwickelte Lichtkörper ist bereits existent, nun kommt es auf deine tägliche Pflege, Geduld, Verantwortung und Achtsamkeit an. Mit dem ersten Schritt auf dem Weg deines Erwachens beginnst du, dich aus all den Verstrickungen, den hinderlichen Mustern und vorgefassten Meinungen, die du während deiner bisherigen Lebenszeit gespeichert hast, herauszuschälen. Vielleicht hast du auch schon lange damit angefangen, deinen Lichtkörper zu aktivieren. Wo auch immer du gerade auf deiner Reise bist, nur deine tägliche Übung wird dich zu deinem Ziel führen. Gelebte Spiritualität findet nicht an besonderen Tagen oder in ausgewählten Seminaren statt, sondern in unserem Alltag. Erst wenn wir verstehen, dass wir mit den allerkleinsten Handlungen die Möglichkeit haben, unser Licht in der Welt zu verbreiten, sind wir unserer wahren Lichtessenz näher gekommen.

Das Angebot an Seminaren, Wegweisern, Literatur und Retreats zum Thema ist heute überdimensional groß. Suche für dich immer das aus, was dich erfreut, was dich leicht sein lässt, was dein Herz weit macht – die Entwicklung deines Lichtkörpers soll Freude machen. Wenn du einmal in einem Seminar bist, das dir nicht entspricht, entwickle den Mut und das Selbstbewusstsein, es zu verlassen. Es geht in der spirituellen Entwicklung um dich, dein Wohlbefinden, dein höchstes Potenzial, kurz: um die Entwicklung deiner höchsten geistigen und seelischen Essenz, und nicht um das Ego und seine illusionären Spiele. Deshalb sei gut zu dir, und gehe deinen spirituellen Weg voller Freude und Leichtigkeit. Suche dir deine Wegweiser weise aus, und lerne, dein Herz in den Mittelpunkt zu stellen, denn es ist immer ein guter Berater. Die Entwicklung deines Lichtkörpers hier auf der Erde ist ein immerwährender Weg, der dich aus den Fängen der Illusion in die spirituelle Klarheit und zu deinem wahren Selbst führt.

Die Samen für deine Lichtkörperentwicklung heißen: bedingungslose Liebe, friedliche Kommunikation, Mitgefühl, Geduld, Authentizität, Ausdauer, Achtsamkeit, Mut, Selbstbewusstsein, Hingabe, Lebensfreude, Flexibilität, Kreativität, Offenheit, Vergebung, Klarheit, Vertrauen, Balance, Dankbarkeit, Demut, Empfänglichkeit, Humor, Unabhängigkeit, Integrität, Fokus und Zentrierung.

All diese Samen gilt es in das Feld deiner Lebenserde zu pflanzen, sie durch alle deine Lichtkörperschichten hindurchwachsen zu lassen, sie zu pflegen und sich über ihre bunte Pracht zu freuen.
Je mehr diese Samen zu kraftvollen Pflanzen heranwachsen, desto einfacher wird dein Leben werden, desto stabiler und balancierter wirst du dich fühlen und desto strahlender ist dein Licht.
Ich bin seit vielen Jahren auf meinem Weg der Lichtkörperentwicklung, und ich gehe davon aus, dass dieser Prozess erst mit meinem letzten Atemzug, den ich auf dieser Erde tun werde, abgeschlossen sein wird. Meine Erkenntnis nach den vielen Jahren ist, dass ich, solange ich in der irdischen Dualität bin,

immer wieder auch vor Herausforderungen gestellt werde, die es lichtvoll zu bewältigen gilt. Vieles gelingt mir heute schon sehr gut, aber ich habe, wie auch du, ein persönliches Erbe mitgebracht, eine Ahnengeschichte und natürlich meine ganz individuellen Aufgaben. Ich habe eine Geschichte, die hinter mir liegt und die nicht nur dieses Leben betrifft, ich bin ein Teil einer Gesellschaft, ich habe eine entsprechende Erziehung genossen … Je mehr ich lerne und integriere, je tiefer ich in die Mysterien blicken kann, desto wahrer wird für mich der leicht abgewandelte Ausspruch von Sokrates: »Je mehr ich weiß, desto mehr weiß ich, dass ich nichts weiß.«

Es ist mir wichtig, dass du verstehst, dass deine Lichtkörperentwicklung vom ersten Moment an eine nicht endende Lebensbegleitung sein kann. Immer weiter, immer feiner, immer nuancierter dürfen sich die Schichten deines Lichtkörpers durchlichten und ausbilden. Je tiefer du in deine wahre Bestimmung hineintauchen kannst, je besser du die Zusammenhänge erkennst, je inniger dein Austausch mit der Geistigen Welt wird, je intensiver sich dein irdischer Körper und dein Lichtkörper miteinander verbinden, desto klarer wird dir deine Seelenaufgabe hier auf der Erde offenbart.
Wann du welche Samen zum Wachsen und Erblühen bringen möchtest, ist deine ganz persönliche Entscheidung. In der universellen Ordnung ist nur festgelegt, dass du sie alle in allen Schichten entwickeln sollst, um einen voll ausgebildeten Lichtkörper und Erleuchtung zu erlangen. Dein Erwachen ist ein Weg und gleichzeitig ein Ziel. Beginne, deinen Fokus entsprechend zu setzen, und lasse deine Absicht zu diesem heiligen Ziel hinströmen.

Was braucht der Samen deines **LICHTKÖRPERS?**

Du würdest wahrscheinlich nie auf die Idee kommen, ein Samenkorn alle paar Tage wieder auszugraben und nachzusehen, wie weit es sich schon entwickelt hat, oder? Aber wie ungeduldig bist du mit dir und deiner spirituellen Entwicklung? Nur, weil du nicht sofort etwas wahrnehmen kannst oder ein greifbares Ergebnis hast, heißt das noch lange nicht, dass sich nichts tut. Deine Aufgabe ist es, den Keim oder den Samen deines Lichtkörpers zu nähren, ihn zu hegen und zu pflegen, um ihn so bei seiner Entwicklung zu unterstützen.

Ein Pflanzensamen braucht gute Erde, Licht, Wasser, Zeit und Liebe. Dein Lichtkörperkeim braucht für seine Entwicklung die gleichen Zutaten wie der Keim einer Pflanze: gute Erdung und tiefe Verwurzelung mit deinem Gastplaneten, Sonnenlicht und lichtvolle Gedanken, helle Energien in deinem Umfeld, erhabene und gereinigte Gefühle, Zeit für Wachstum und Reifung und die bedingungslose Liebe zu dir selbst und zu allem Lebendigen, das dich umgibt.

Lasse dir bei der Entwicklung deines Lichtkörpers das Beste und Lichtvollste zuerst selbst zufließen, damit du es dann aus dir hinaus in dein Umfeld ergießen kannst. Nur, wenn du genährt bist, ist es ein Leichtes für dich, all deine Gaben weiterzugeben.

Das kostet dich nicht viel Zeit, sondern nur die Achtsamkeit und die Bereitschaft, einiges an deinen Einstellungen, deinen täglichen Gedanken und deinen Routinen im Alltag zu ändern. Denke an die Pflege des Samens, und spüre, welche Freude es ist, dass du in diesem Leben die Möglichkeit geboten bekommst, deine vollkommene Lichtgestalt zu entwickeln. Sei bereit, alle Stadien vom Samen bis zur voll entfalteten Blüte und Frucht Schritt für Schritt zu gehen.

Rufe dir in Erinnerung: Ein starker Lichtkörper ist strahlend, leuchtend und unsterblich. Du entwickelst dich vor allem für dich und dein Leben. Das solltest du dir wert sein.

Entwickle das Bewusstsein, dass du durch einen voll entfalteten Lichtkörper die Wunder in deinem Leben vollbringen kannst, von denen du jetzt schon träumst. Je stärker sich dein Lichtkörper entwickelt, desto lichtvoller und reiner wird auch dein feststofflicher Körper. Und je lichtvoller dein irdischer Körper ist, desto gesünder, kraftvoller, kreativer und machtvoller bist du in deinem täglichen Leben. Dein Lichtkörper kann sich aber nur so schnell entfalten, wie dein feststofflicher Körper die neue Schwingungsfrequenz des Lichts zu integrieren vermag.
Die Entwicklung des Lichtkörpers und die bewusste Lebensweise in deinem Körper sind eng miteinander verbunden. Weil aber der feststoffliche Körper träge ist, kann es natürlich geschehen, dass du für manche Schritte eine längere Zeit benötigst. In solchen Situationen sind Geduld und Verständnis erforderlich. Jeder deiner Entwicklungsschritte vollzieht sich in allen acht

Schichten oder Sphären des Lichtkörpers. Aus diesem Grund ist es nicht verwunderlich, dass manche deiner Lebensthemen während der Entwicklungsphase mehrfach auftauchen.

Die Geistige Welt hilft dir und unterstützt dich auf deiner Reise, sie prüft dich aber auch. Weil du mit einem voll entwickelten Lichtkörper auch sehr viel Macht bekommst und ein kreativer Schöpfer wirst, ist es wichtig, dass du lernst, Verantwortung zu übernehmen und lichtvoll mit deinen Gaben umzugehen. Auch das ist ein Grund, warum manche Schritte länger dauern, als du es gern hättest. Erinnere dich dann daran, dass nur die Schattenseite mit Sensationen arbeitet, das Licht hingegen hat diese Effekte nicht nötig.
Nach den Sensationen der Schattenseite und der Geduld für uns Lichtarbeiter habe ich meine himmlischen Begleiter als Erstes gefragt. Ich habe damals nicht verstanden, warum ich mich mit einigen meiner Entwicklungsschritte so abmühen musste, warum sich meine magischen Kräfte nur zögerlich entwickelten, warum ich sehr viel üben musste und scheinbar so wenig Erfolg hatte und warum andere vermeintlich ganz schnell ganz viel konnten und das auch freudig demonstrierten.
Die weise Antwort kam von einem meiner hochrangigen Lebensbegleiter und lautete: »Alle deine Fähigkeiten werden immer erst dann zu deiner vollen Verfügung stehen, wenn du vollkommen stabil und in dir gefestigt bist, wenn du die größeren Zusammenhänge der unsichtbaren Welten auch wirklich verstehen kannst. Würden wir dir all deine magischen Fähigkeiten und deine wahre Macht zu früh in vollem Umfang wieder bereitstellen, so könnte dich das in deiner weiteren Entwicklung auf deinem Weg des Erwachens behindern, ja, du könntest vielleicht sogar dich und auch andere gefährden. Erst, wenn du die

volle Verantwortung für dein Handeln übernehmen kannst und die Auswirkungen auf alle Beteiligten zu erkennen lernst, wenn du deine Entwicklungsschritte vollzogen hast und wir sehen, dass du bereit bist, erst dann kannst du über dein Potenzial uneingeschränkt verfügen. Es ist zu deinem eigenen Schutz, meine geliebte Seelenschwester, und ich wünsche mir, dass du das tief in deinem Herzen, ja, in jeder deiner irdischen Zellen spüren und nachvollziehen kannst.«

Ich war gerührt von diesen Worten, zeigten sie mir doch die unendliche Liebe und Fürsorge meiner himmlischen Begleiter. Ich habe mich nie wieder über irgendeine Verzögerung beschwert, verfolgte einfach kontinuierlich meine Weiterentwicklung, freute mich über jede Begabung, die ich wieder einsetzen durfte, und über jegliche noch so kleine magische Erfolgsgeschichte.

Warum ich diese Zeilen für dich geschrieben habe? Weil ich auch in einem irdischen Körper auf der Erde inkarniert bin und deshalb über all die Herausforderungen, die der Weg des spirituellen Erwachens mit sich bringt, mehr als gut Bescheid weiß. Es ist eine Sache, zu erkennen, dass wir hier auf der Erde sind, um für das Licht zu wirken, und eine andere, diesem Weg des erwachten Lichtarbeiters bewusst, ausdauernd und unermüdlich zu folgen.

Du bist ein Lichtarbeiter. Erinnere dich daran, wenn du wieder einmal ungeduldig mit dir selbst wirst. Sei dir bewusst, dass dich diese Reise, sobald du sie begonnen hast, immer vorwärtsbringen wird, solange du kontinuierlich auf diesem Weg bleibst.

Lerne, bescheiden und dankbar zu sein für all deine Talente, Fähigkeiten und Möglichkeiten, die während deiner Entwicklung sichtbarer und auch für dich besser nutzbar werden. Versuche nicht, vorschnell wie Goethes Zauberlehrling deine noch nicht voll integrierten Talente einzusetzen.
Ich sage damit nicht, dass du dein Licht unter den Scheffel stellen sollst. Ich erinnere dich nur daran, dass Hochmut und Stolz schon so manchen Lichtarbeiter zu Fall gebracht haben. Sei dir deiner Größe und deines Lichts bewusst, setze sie zum Wohl aller ein, aber vermeide, dich über andere zu erheben, denn wir alle haben einen Lichtkörper in unsere Inkarnation mitgebracht. Vielleicht ist es ja deine Aufgabe, ein Wegweiser für die Menschen in deinem Umfeld zu sein, und dafür ist es wichtig, dass du dir deiner selbst und deiner Aufgabe bewusst bist.

In all den Ausbildungen, die du vielleicht schon absolviert hast, steckte immer dieselbe Wahrheit: Du bist einzigartig, so, wie jeder Mensch, der dir begegnet. Je bewusster du wirst, desto verwurzelter bist du in deiner Kraft und auch stärker bereit, die bedingungslose Liebe zu leben, die die Hauptenergie der Lichtkörperentwicklung ist. Diese Liebe kennt keine Bewertungen, keine Beurteilungen, keinen Neid und keinen Hass oder andere niedere Energien. Deinen Lichtkörper voll entfalten heißt, zu lernen, bedingungslos zu lieben, und diese Liebe täglich, stündlich, ja, mit jedem Atemzug, in jedem Augenblick deines Seins bewusst zu zelebrieren. Je mehr spirituelles Selbstbewusstsein du entwickelst, desto dankbarer und bescheidener wirst du, denn es besteht für dich kein Grund mehr, besser als andere Menschen sein zu wollen.

Starte **DANKBAR** und voller Liebe und Segen in den Tag

Wenn du aufwachst, ist es sehr hilfreich, als Erstes zu lächeln und dich bei deinen Engeln oder dem Schöpfer für den Schutz in der Nacht zu bedanken. Es ist wichtig, wie und mit welchen Gedanken du deinen Tag beginnst.
Dankbarkeit und ein Lächeln sind ein sehr guter Start. Bitte sogleich deinen Schutzengel und all deine feinstofflichen Freunde um einen guten Tag, indem du positive Worte für den bevorstehenden Tag wählst. Du kannst z. B. sagen: »Ich danke für all die Gaben, die ich bereits erhalten habe, und bitte darum, den heutigen Tag in der Energie von Liebe, Frieden, Kreativität und Harmonie gestalten zu können. Gebt mir die Kraft, auf meinem positiven Weg der Entwicklung mutig voranzuschreiten. Möge mein Tag in der Energie der Liebe und zum Wohl aller Wesen stattfinden.« An dieser Stelle kannst du selbstverständlich deine eigenen Wünsche, Gedanken und Bitten formulieren. Der Beispielsatz soll nur der Anregung dienen oder auch dein Muster werden, mit dem du deinen Morgen neu gestaltest und dadurch die Weichen für deinen Tagesverlauf stellen lernst.

Werde im Verlauf der Tage und Wochen, während derer du deinen Tag auf andere Weise beginnst, kreativ, und setze deine eigenen Formulierungen für deine Vorsätze ein. Unterschätze niemals die Kraft deiner Gedanken und deiner Worte. Wenn du die Sätze laut aussprichst, wirst du merken, wie sich deine Energiespeicher sofort erfrischt und aufgefüllt anfühlen. Die Energie folgt deiner bewussten Gedankenkraft. Wenn du also bereits beim Aufwachen deinen Tag mit Segnungen und positiven Vorsätzen beginnst, so wird dein Leben und alles, was dir während des Tages begegnet, innerhalb kürzester Zeit darauf reagieren.

Während der Nacht erfährst du oft Schulungen in anderen Dimensionen. Indem du bewusst beginnst, dich an deine Träume zu erinnern, wirst du bemerken, dass du viele nützliche Informationen und Richtlinien für deine Entwicklung erhältst. Die Erinnerung ist meist nur kurz nach dem Aufwachen präsent. Aus diesem Grund ist es wichtig, dass du sie gleich festhältst, bevor die Ereignisse der Nacht in deinem Unterbewusstsein verblassen. Lege einen schönen Notizblock neben dein Bett, und schreibe wichtige oder besonders eindrückliche Traumerlebnisse noch vor dem Aufstehen auf.

Stelle zum Aufstehen deine Beine nacheinander auf den Boden. Werde dir der Erde unter deinen Fußsohlen bewusst, unterstütze dies mit dem laut ausgesprochenen Satz: »Ich beginne den Tag in der Energie von Licht und Liebe, und jeder Schritt, den ich auf der Erde gehe, ist getragen von Licht und Liebe.« Nach dem Aufstehen ist es wichtig, die Hände und das Gesicht zu waschen. So entfernst du die Energien der Nacht aus deinem Energiefeld und beginnst deinen Tag mit frischer Kraft. Du kannst auch auf nüchternen Magen und in kleinen Schlucken eine Tasse heißes Wasser trinken. Dies hilft dir dabei, deinen Körper zu reinigen und Schlacken abzutransportieren, und ist eine Unterstützung für deinen feststofflichen Körper, damit du gesund und ausbalanciert bleibst.

Bevor du dein Zuhause verlässt, stelle dir vor, wie blaues Licht auf all deinen Wegen, die du an diesem Tag beschreiten willst, vorausfließt. Mit diesem blauen Lichtstrahl sendest du die Energie von Frieden aus, sodass dich der Frieden erwartet, wo auch immer du hingehst.

Es ist gut, wenn du in deinem Schlafzimmer ein positives Bild aufhängst, auf das dein Blick beim Aufwachen fällt. Dies kann ein Motiv oder eine Farbkombination sein, die dir dabei hilft, dich an dein eigenes Licht, deine Freude, dein positives, erfülltes Leben und die Entwicklung deines Lichtkörpers zu erinnern. Das Bild eines Leuchtturms ist dafür perfekt geeignet. Jeder Lichtarbeiter hat die Funktion eines Leuchtturms. Wenn du dich selbst als Lichtarbeiter siehst, erinnert dich dieses Bild jeden Morgen beim Aufwachen daran, dass du auf der Erde bist, um anderen den Weg durch die Stürme des Lebens zu weisen. Leuchttürme stehen immer dort, wo das Meer turbulent und aufgewühlt ist, wo es Stürme und hohe Wellen gibt. Auch für dich ist es ganz normal, dass es in deinem Umfeld »brodelt« und »stürmt«.
Sei bereits beim Aufwachen offen für die Energie der Dankbarkeit. Sei dankbar dafür, dass du die Funktion eines Leuchtturms übernehmen darfst. Wenn du in diesem Bewusstsein bist, ist es egal, wo und was du arbeitest, denn du verstehst, dass du dort wichtig bist und dass du und dein Licht genau dort gebraucht werden.

In meinen persönlichen Beratungen höre ich die Fragen, wo der richtige Platz im Leben ist oder was der richtige Beruf bzw. die Berufung ist, am häufigsten. Oft steckt dahinter ein Irrtum der Hilfesuchenden, denn sie glauben, dass Lichtarbeit oder spirituelle Arbeit etwas ganz Besonderes sein muss und getrennt vom normalen Berufsleben irgendwo in einem Seminarhaus oder in der eigenen Praxis stattfinden soll. Glaube mir, du bist immer und überall strahlend und bringst dein spirituelles Licht zu den Menschen, gleichgültig, welchen Beruf du ausübst. Es ist sicher schwierig, zu verstehen, dass ein ganz alltäglicher Beruf wie Bankkauffrau, Gärtner, Verkäuferin, Kranführer oder Lehrerin irgendetwas mit gelebter Spiritualität und spiritueller Berufung zu tun haben soll. Aber genau so ist es! Wenn du beginnst, deine höchsten Begabungen in deinem beruflichen Umfeld einzusetzen, leistest du eine großartige spirituelle Arbeit. Vertraue mir, du wirkst immer für das Höchste, denn dein Lächeln, deine Freundlichkeit, deine friedliche Kommunikation, deine Hilfsbereitschaft, dein liebevolles Mitgefühl, deine Achtsamkeit, dein Humor – all deine höchsten Lichtkörpertugenden – werden einen großen Unterschied machen, und genau dafür bist du auf dieser Erde inkarniert.

Du möchtest alle Räume, die du betrittst, mit deinem Licht durchfluten? Dann beginne mit deinem ganz gewöhnlichen Alltag und mit deinem Arbeitsumfeld. Erinnere dich immer wieder daran, dass ein Leuchtturm nur dort steht, wo er gebraucht wird. Wundere dich also nicht, wenn du dich immer wieder in einem stürmischen und herausfordernden Umfeld wiederfindest. Dies zeigt einfach, wie stark du in Wahrheit bist, denn dort kannst du deine Talente am besten einsetzen, und dort wird dein Licht am nötigsten gebraucht.

Wenn dich das Symbol des Leuchtturms anspricht, kaufe ein schönes Bild eines Leuchtturms, fotografiere selbst ein Exemplar, oder male deinen persönlichen Turm, und hänge das Bild in deinem Schlafzimmer auf. Weil du bereits in den ersten Minuten des neuen Tages positiv an deine Lichtarbeit denkst, sendest du die höchste Lichtenergie auf deinem Weg durch den Tag voraus.

Du entwickelst deinen Lichtkörper für dein Leben auf der Erde und nicht für ein Leben danach.

Der ideale SCHUTZ deines Energiefeldes

Das folgende Ritual kannst du so oft machen, wie du es als richtig empfindest. Ich empfehle dir, es auf jeden Fall morgens und abends zu machen. Es kann dir ein sehr nützlicher Begleiter auf deiner Lichtkörperreise sein. Es ist aber deine Entscheidung, ob du dich mit der Schutzhülle wohlfühlst. Die Formel ist einfach, deshalb kannst du deinen weißen Schutzmantel immer und überall sehr schnell aufbauen, der dennoch außerordentlich effektiv ist.

Erinnere dich daran, wenn du z. B. von vielen unterschiedlichen oder unangenehmen Energien umgeben oder an sehr stark frequentierten Plätzen wie im Einkaufscenter, am Flughafen, im Bahnhof oder in Geschäften bist oder wenn du eine unbestimmte Gefahr verspürst. Das weiße Licht und das goldene Gitternetz wirken dann wie eine energetische Tarnkappe, und du wirst für jegliche Angriffe unsichtbar.

ÜBUNG: Schutzritual

Nimm dir einige Minuten Zeit, und achte darauf, dass du nicht gestört wirst. Atme mindestens dreimal ruhig ein und aus. Fühle, wie die verbrauchte Atemluft aus dir hinausströmt, wie gleichzeitig mit ihr alles Überholte und Alte aus deinem Leben hinausfließt und somit Raum für Neues geschaffen wird. Lasse anschließend die frische Luft ganz tief in dich hereinströmen, und stelle dir vor, wie mit ihr jede einzelne Zelle in dir von Licht erfüllt wird.

Richte deine Aufmerksamkeit ganz und gar auf deinen persönlichen Atemrhythmus, und spüre, wie du ruhiger und zentrierter wirst. Sei dir deiner Präsenz in diesem Moment ganz bewusst. Indem du deine Gedanken beruhigst und sie auf deinen Atem lenkst, hast du die beste Möglichkeit, ganz im Hier und Jetzt anzukommen.

Strecke nun deine Arme zuerst nach vorn, dann zur Seite, nach hinten und zuletzt nach oben aus, während du laut sagst: »So weit, wie meine Arme reichen, nach vorn, nach hinten, zur Seite, über mich und unter mich in die Erde hinein, entsteht ein Raum aus weißem Licht um mich herum.« Stelle dir vor, wie du innerhalb dieser lichten Sphäre stehst – wie ein Ei umgibt dich dieses weiße und schützende Licht. Sprich weiter: »An der Peripherie dieses weißen Lichts befindet sich ein dreifaches goldenes Gitternetz, das alle Energien abhält, die nicht förderlich für mich und meine Entwicklung sind, gleichgültig, woher sie kommen oder wer sie gesendet hat. Alle Energien, die mir dienlich sind, gelangen durch dieses Netz und die Hülle aus weißem Licht zu mir herein und unterstützen mich auf meinem Weg. Gleichzeitig bitte ich dich, weißes Licht, erinnere mich daran, dass auch ich achtsam mit meinen Gedanken und den Energien, die ich aussende, umgehe, damit sie zum Wohl aller Lebewesen, die an meinem Lebensspiel beteiligt sind, eingesetzt werden, und dass ich mich zu dem Lichtwesen entwickle, das ich in der Blaupause meines Lebensplans bereits bin. Ich danke für den Schutz, der mich nun umgibt.«

Mit diesem kurzen Ritual bist du für den ganzen Tag geschützt. Sollten aber besonders negative Energien auf dich einwirken und du das Bedürfnis haben, dieses Ritual zu wiederholen, mache es so oft während des Tages, wie es sich für dich richtig und hilfreich anfühlt. Am Abend machst du es ebenfalls, denn auch während des Schlafs bist du den unterschiedlichsten Prüfungen und Energien ausgesetzt. Die Schutzsphäre um deinen Körper ist auch während der Nacht sehr hilfreich.
Wenn du dich bereits in der Öffentlichkeit befindest und keinen geschützten Raum aufsuchen kannst, reicht es, wenn du dir das Ritual für einen kurzen Moment vor deinem geistigen Auge vorstellst. Du bist, ausgestattet mit dieser Lichtsphäre, sehr viel weniger angreifbar und hast auch einen sehr guten Schutz vor Energievampiren. Und je weniger Energie du verlierst, desto mehr Kraft und Energie hast du für dich und deine Entwicklung zur Verfügung.

Wenn dir das weiße Licht einmal nicht so angenehm ist, kannst du auch blaues Licht visualisieren, denn auch die blaue Sphäre hat einen schützenden Charakter. So, wie auch die Erde von einer schützenden blauen Sphäre um-

geben ist, kannst du deinen physischen Körper in die blaue Lichtenergie einhüllen – ein Blau so strahlend wie ein klarer Sommerhimmel. Das Blau absorbiert alles Negative und schenkt deinem Energiefeld Frieden. Wenn du dich in das blaue Licht einhüllst, erinnert sich jede deiner Zellen und dein gesamtes Sein an seinen göttlichen Ursprung. Das stärkt dich und schenkt dir den nötigen Schutz, um den energetischen Stürmen des Alltags besser zu begegnen.
Anstelle des goldenen Gitternetzes steht dir auch die Violette Flamme zur Verfügung. Die violetten Flammen sind sehr reinigend und umwandelnd. Sie transformieren alle Energien, die dir auf deiner Reise des Erwachens nicht dienlich sind, in für dich gut verträgliche Energien und leiten sie erst danach durch deine Lichtsphäre zu dir weiter. So kannst du dir sicher sein, dass nur das bei dir ankommt, was dein Erwachen fördert und deine Lichtreise unterstützt.
Die Violette Flamme kannst du auch immer zusätzlich zu dem goldenen Gitternetz anwenden und sie als letzte Hülle um deine Schutzsphäre legen. Ganz besonders dann, wenn du durch sehr dunkle Räume gehst, ist es empfehlenswert, mit den violetten Flammen zu arbeiten. Stelle sie dir als kleine und hell strahlende Flammen in der Farbe von Lavendel vor. Diese Abermillionen violetten Flammen umgeben dann deine lichte Sphäre.

WEITERE TIPPS für deinen Schutz

Die Entwicklung deines Lichtkörpers gelingt leichter, wenn du in deiner Kraft bist und anderen nicht als energetische »Tankstelle« dienst oder vielleicht energetischen Attacken ausgesetzt bist.

Eine sehr gute Schutzfunktion haben auch das Pentagramm und die Blume des Lebens. Zeichne mit deiner aktiven Hand ein Pentagramm, einen fünfzackigen Stern, vor dich in der Luft in dein Energiefeld, und stelle dir vor, wie du dich in diesem Pentagramm befindest. Beginne über deinem Kopf, und zeichne es zu einem Fuß, dann zum Arm, der auf der anderen Körperseite ist, als Nächstes zum anderen Arm, danach zurück nach unten, dieses Mal aber zum anderen Fuß. Mit der letzten Linie vom Fuß zum Kopf schließt du das Pentagramm. Der fünfzackige Stern sollte ohne Absetzen gezeichnet werden. Sicherlich kennst du auch das starke energetische Symbol der Blume des Lebens. Stelle dir einfach vor, wie sie dein gesamtes Energiefeld einhüllt.
Das Pentagramm ist ein sehr starkes Symbol gegen energetische Angriffe. Du kannst es auch zum Schutz deines Hauses und all deiner Besitztümer einsetzen. Zeichne es dafür über die Gegenstände, die du schützen willst. Beim Haus wirkt es sehr gut an der Haustür und an den Fenstern. So lässt du keine Energien herein, die dir schaden könnten.

In den nächsten Jahren der beschleunigten Entwicklung auf der Erde wird das Spiel der Schatten immer undurchsichtiger werden. Es ist also gut, wenn du mit einem guten Schutz darauf vorbereitet bist.
Erinnere dich immer wieder daran, dass eine der einfachsten Methoden des Energieraubs die heftige negative emotionale Reaktion ist. Praktisch sieht das folgendermaßen aus: Du bist gut gelaunt, voller Energie und fühlst dich stark. Ein Mensch, der gerade energetisch leer ist – und das kann von einem völlig Fremden bis zu deinem Liebsten jeder sein –, kreuzt deinen Weg und bemerkt deine energetische Fülle. Er beginnt, dich zu provozieren, und das geht bis zu dem Moment, in dem du explodierst und eine heftige Reaktion zeigst. In diesem kurzen Moment entlädt sich deine gute Energie, und das leere Energiefeld des anderen nimmt deine Energie dankend auf. Der andere ist nun zufrieden und geht besser gelaunt als vorher und energetisch voller weiter, während du leer und vielleicht sogar ein bisschen müde oder traurig zurückbleibst. Dann wunderst du dich darüber, warum du dich plötzlich so anders fühlst. Achte einmal darauf, ob es dir im Alltag oft so geht, und vermeide starke emotionale Reaktionen, um dich vor einem Energieraub zu schützen. Übe dich in heiterer Gelassenheit, und sei nicht zu streng mit dir, wenn es dir nicht immer gelingt. Denke immer daran: Du bist auf dem Weg, aber noch lange nicht am Ziel.

Du übst dies, indem du das Spiel des anderen durchschaust und dir selbst so viel wert bist, dass du nicht reagierst, außer mit einem freundlichen Lächeln. Glaube mir, dass ist zwar nicht immer einfach, aber es ist äußerst wirksam. Der andere wird sich auf die Suche nach einer anderen »Energietankstelle«

machen, sobald er bemerkt, dass du deine Energie nicht abgibst, sondern dich schützt. Dieser ganze Prozess läuft meist nicht auf der bewussten Ebene ab, sondern kommt tief aus der reaktiven, unbewussten Schicht unseres Seins. Vielleicht fällt es dir ab heute auch schneller auf, wenn du dieses Spiel mit jemand anderem machst, denn du bist sicherlich nicht nur »Energietankstelle«, sondern manchmal auch Energieräuber.

Deinen Lichtkörper zu entwickeln, heißt auch, mit dir selbst ehrlich zu sein und zu erkennen, wo du vielleicht noch nicht lichtvoll agierst, und anschließend dein Verhalten zu korrigieren.

Reinigung von **FREMDENERGIEN**

Es gibt Tage, an denen du dich vielleicht so sicher und stark fühlst, dass du deine Schutzsphäre vergisst. Oder du besuchst eine spirituelle Ausbildung oder eine Gruppe von Menschen, die dir das Gefühl von Sicherheit geben, sodass du keine Notwendigkeit für ein starkes Schutzfeld siehst.
Am Ende des Tages oder bereits viel früher fühlst du dich jedoch müde, ausgelaugt und erschöpft. Oder du wirst sogar entgegen deiner Veranlagung aggressiv, depressiv, weinerlich oder verspürst körperliche Symptome, z. B. Kopfschmerzen, Übelkeit oder eine starke Müdigkeit. In den meisten Fällen kannst du dann davon ausgehen, dass sich fremde Energien in deinem Energiefeld angesiedelt haben.

ÜBUNG: Reinigungsbad mit Salz und weißem Licht

Zur Reinigung von Fremdenergien solltest du ein warmes Vollbad mit Salz und weißem Licht nehmen. Alternativ kannst du auch duschen, aber ein Salzbad ist immer vorzuziehen. Reichere das Badewasser mit reichlich Meersalz und weißem Licht an, indem du dir vorstellst, wie das Licht durch dein Kronenchakra zu dir herein-, zu deinen Händen hinausfließt und in das Wasser hineinströmt. Es gibt auch verschiedene reinigende Essenzen, die du zu deinem Badewasser geben oder im Badezimmer anwenden kannst,

z. B. den weißen Pomander von Aura-Soma oder das Aura-Spray »Kraft der Reinigung«. Nachdem du in die Badewanne gestiegen bist, tauche einmal ganz unter, entspanne dich, und bleibe so lange im Wasser, wie es dir angenehm ist. Wasche auf jeden Fall deine Haare, denn sie nehmen sehr viele Energien auf und speichern diese.
Während du im warmen Wasser liegst, spüre, an welchen Stellen deines Körpers du Verbindungen, sogenannte Cords, zu anderen Menschen wahrnimmst. Meist kannst du das sehr gut im Bereich deiner Chakras feststellen, denn sie sind die ersten Stellen, an denen sich fremde Energien in deinem Energiefeld festsetzen. Diese Verbindungen kannst du einfach lösen, indem du sie gedanklich aus dir hinausziehst und um Auflösung der Verbindung bittest. Stelle dir dazu eine Schnur vor, die du aus deinem Körper und deinem Energiefeld ziehst. Durchschneide entweder selbst diese Schnur, oder bitte Erzengel Michael darum, es für dich zu tun. Fülle die Stellen in deinem Körper, an denen du die Verbindungen gelöst hast und wo nun Leerräume entstanden sind, mit Licht auf, z. B. mit dem rosafarbenen Licht der Liebe. Stelle dir vor, wie die Löcher mit himmlischem Heilbalsam versiegelt werden.

Lasse dieses Reinigungsbad zu einem Ritual werden, das du in einem Abstand von einigen Tagen immer wieder durchführst. Betrachte es als »energetisches Entrümpeln«. Du wirst merken, wie du Energievampire früher erkennst und die Erlösung von Energien immer schneller geht. Baue nach dem Bad wieder deine Schutzsphäre mit dem goldenen Netz auf.

TIPP für unterwegs

Wenn du dich in der Öffentlichkeit befindest und dich von anhaftenden Energien befreien willst, stelle dir vor, wie du unter einer Dusche oder einem Wasserfall aus weißem, reinigendem Licht stehst. Das weiße Licht spült alles weg, was nicht zu deinem Energiefeld gehört. Fühle, wie du erfrischt und gereinigt wirst. Abschließend kannst du mit deiner Hand noch einmal durch dein Energiefeld fahren. Beginne einige Zentimeter von deinem physischen Körper entfernt über deinem Kopf, und fahre mit der Handfläche bis hinunter zu deinen Zehen. Stelle dir dabei vor, wie alle Energien, die nicht zu dir gehören, abgetrennt werden und wie du dich von allen Verbindungen befreist und wieder in deine Kraft kommst. Du kannst auch hier die Geistige Welt, deine persönlichen Engel, Erzengel Michael oder den Aufgestiegenen Meister Serapis Bey um Unterstützung bitten. Auch nach dieser Reinigung solltest du wieder dein Schutzfeld aufbauen.

ÜBUNG: Verbindungen zu früheren Partnern lösen

Diese Übung ist eine Variante des Reinigungsbads und sehr wirksam gegen alte Anhaftungen, z. B. Verbindungen mit früheren Partnern. Wenn du in der Badewanne liegst, bitte deine geistigen Führer darum, dir alle Partner, mit denen du jemals körperlich oder auch seelisch verbunden warst, zu zeigen – einen nach dem anderen. Nimm dann die Art der Verbindungsschnüre wahr und auch, wo diese sich in deinem Chakrasystem angehaftet haben. Löse die Verbindungen aus deinen Chakras. Erfahrungsgemäß ist das Sakralchakra besonders belastet, denn hier speichern sich normalerweise sowohl jegliche körperliche Beziehungen als auch die Beziehungen zu unserer Familie und unseren Ahnen. Das Loslösen kann deshalb einige Zeit in Anspruch nehmen, gönne dir diese Zeit. Lasse die Verbindungen von Erzengel Michael mit seinem Schwert durchtrennen, während du dich bei jedem einzelnen deiner Wegbegleiter für alles, was ihr miteinander geteilt habt, bedankst. Was auch immer es war, wie auch immer die irdische Trennung gewesen sein mag, entlasse alles in der Energie des Friedens und der Liebe.

Es ist nicht ungewöhnlich, dass dir bei dieser Übung Menschen einfallen können, an die du schon sehr lange nicht mehr gedacht hast. Fühle dich niemals verpflichtet, dich von ihnen zu lösen, sondern folge deinem Herzen, und löse all das, was dir als schlecht für dich erscheint.

Fülle die Stellen, an denen du Schnüre und Verbindungen mit der Hilfe von Erzengel Michael gelöst hast, mit dem rosafarbenen Licht der bedingungslosen Liebe auf, und lasse sie von deinem Schutzengel mit dem himmlischen Balsam der allumfassenden Heilung versiegeln.

Nach diesem Ritual stellt sich meist ein Gefühl von Freiheit, Frische und Erleichterung ein. Du kannst dieses Ritual so oft wiederholen, wie es für dich passend ist. Wundere dich nicht darüber, wenn manche der Personen, von denen du dich bereits gelöst glaubtest, wieder auftauchen, dann existieren einfach noch Verbindungen in dir, die du noch nicht getrennt hast.

Tauche ein in den ewigen Strom des Lebens. Lausche dem Flüstern der lebendigen Natur, und erkenne deinen Platz in der weisen kosmischen Ordnung, der alles Irdische untergeordnet ist. Nutze deine schöpferische Kraft, und gestalte dein Leben nach deinem höchsten Ideal. Wähle deine Begleiter weise, und erinnere dich immer wieder daran: Du bist der allerschönste Ausdruck der unendlichen Liebe der Schöpferquelle. Du bist Liebe.

Liebe für deinen KÖRPER und die MATERIE

Dein physischer Körper ist dein Gefährt, dein Tempel, der die Essenz deines Seins – deine Seele – während deiner gesamten irdischen Inkarnation beherbergt. Ohne ihn hast du keine Möglichkeit, deinen Seelenauftrag auszuführen. Deshalb ist es sehr wichtig, dass du deinen Körper gut behandelst und ihm den richtigen Stellenwert in deiner Entwicklung zugestehst.
Sehr oft ist die Verneinung und Ablehnung des feststofflichen Körpers eine der Hauptursachen dafür, warum die Entfaltung des Lichtkörpers nicht voranschreiten will oder immer wieder stagniert. Erinnere dich daran, dass du das Leben auf der Erde angenommen hast und dass diese Inkarnation einen physischen Körper und die Gesetzmäßigkeit der Dualität beinhaltet.

Was auch immer dein persönlicher Auftrag ist, ob du als Heiler, Friedensbote oder spiritueller Lehrer hier auf der Erde gelandet bist: Ohne einen gesunden und starken Körper kannst du nur wenig ausrichten. Deshalb hat dein physischer Körper, solange du inkarniert bist, sehr viel mit der Entwicklungsmöglichkeit deines Lichtkörpers zu tun. Die Verbindung mit deinem Lichtkörper und all deinen Fähigkeiten gelingt hier auf der Erde nur dann, wenn du deinen Körper liebst und gern in ihm bist. Dies gehört zum Spiel der Illusionen. Wenn du lernen willst, hinter die Schleier zu blicken, braucht es zuerst die starke Verbindung mit deinem Körper und mit der Erde.

Je freudvoller du auf der Erde lebst, dich mit ihr verbindest und deinen feststofflichen Körper annimmst, desto schneller und leichter wirst du deinen Lichtkörper entwickeln können. In anderen Dimensionen ist dies anders als auf der Erde. Diese Erkenntnis ist hilfreich, um über die Bewertungen und die Energie des Beklagens hinwegzukommen.

ÜBUNG: Spüre deinen Körper

Wie lange ist es her, dass du jeden Zentimeter deines Körpers bewusst wahrgenommen hast? Führe deine Hände von den Füßen aufwärts über deinen Körper. Lasse dir dabei Zeit, und bestaune die Vollkommenheit deines Körpers, aller Gliedmaßen, deiner Knochen und Sehnen, deiner Haut, deiner Gelenke, deiner Haare … Spüre, wie fantastisch es ist, dieses Wunderwerk zu haben. Berühre jeden Millimeter deines Körpers, und freue dich darüber, dass du mit diesem Körper gesegnet bist.
Lasse alle bewertenden Gedanken beiseite, sende deinem Körper einfach nur Dankbarkeit und Liebe. Verstehe, dass du genau so perfekt bist, wie du bist. Du hast dir deinen Körper ausgesucht, du hast deine Gene über die Wahl deiner Eltern bestimmt. Du bist der beste Ausdruck der Schöpferquelle, der du nur sein kannst. Alles an dir ist vollkommen, und es gibt keinen Grund, zu kritisieren oder zu klagen. Wenn du beginnst, deinen Körper gut zu behandeln, wirst du bemerken, wie er mit Stärke, Gesundheit und Wohlergehen auf deine liebevolle Wertschätzung reagiert.

ÜBUNG: Stärke deine Verbindung mit Mutter Erde

Gehe so oft wie möglich barfuß auf der Erde, um dich besser mit ihr zu verbinden. Spüre dabei die Beschaffenheit des Untergrunds unter deinen Fußsohlen, und genieße den intensiven Kontakt mit Mutter Erde. Wiederhole deine Ausflüge bei jedem Wetter und auf jedem nur erdenklichen Boden, z.B. Waldboden, Wiese, Bachbett, frische Erde, Steine, Schotter, Schnee …
Stelle dich fest verwurzelt aufrecht in der Natur hin. Deine Beine sind leicht gespreizt. Strecke deine Arme nach oben über deinen Kopf in den Himmel aus, und nimm wahr, wie deine Beine und deine Arme jeweils einen Kelch bilden. Lasse nun die himmlischen Energien von oben aus den höchsten Quellen in dich hereinfließen, und leite sie durch deinen Körper hindurch und über deine Fußsohlen zur Erde hinab, bis zum Herzen von Gaia.
Spüre, wie Mutter Erde antwortet und ihre Lichtenergie von unten zu dir heraufsendet. Ihre Energie fließt durch dich hindurch nach oben, aus deiner Krone hinaus und bis zur Schöpferquelle hinauf. Beide Energieflüsse finden gleichzeitig statt – von oben aus der Schöpferquelle herab und von Mutter Erde herauf. Nimm deine Verbindung zum Himmel und zur Erde bewusst wahr, und spüre, wie du Empfänger und Sender zur selben Zeit bist.

Die Erde ist genauso wichtig wie der Himmel. Verstehe tief in dir, ja, in jeder einzelnen Zelle das hermetische Gesetz »Wie unten, so oben – wie innen, so außen«. Die Erde hat einen Hilferuf ins Universum hinausgesendet, und du hast ihren Ruf vernommen und bist ihm gefolgt. Jetzt ist es sehr wichtig, dass du deine irdische Inkarnation mit allem, was dazugehört, auch annimmst und liebst. Du bist Gast hier auf der Erde. Behandle sie entsprechend, und lasse dein Licht zu deinem und ihrem Wohl erstrahlen.

Dein physischer Körper ist dein Tempel, entzünde das Licht der allumfassenden Liebe in ihm, indem du ihn wertschätzt, pflegst, liebst und deine Individualität freudvoll zelebrierst.

GESUNDE NAHRUNG
für deinen Körper

Weil dein physischer Körper dein Gefährt ist, ist es wichtig, ihn mit den besten und frischesten Lebensmitteln zu stärken. Dabei spielt es keine Rolle, ob du nur Rohkost isst, vegane Nahrung bevorzugst oder vegetarische Produkte zu dir nimmst. Achte immer auf die Qualität deiner Lebensmittel, denn wie der Name schon sagt, sind es Mittel für dein Leben, die dich bei deinem Leben unterstützen. Du bist wahrscheinlich auch nicht bereit, deinem Auto das mieseste Öl oder den schlechtesten Reparaturservice zu gönnen, oder? So solltest du auch beim Einkauf des »Treibstoffs« für deinen Körper auf Qualität und Frische achten. Je frischer und gehaltvoller, z. B. aus regionalem, biologischem Anbau, deine Nahrung ist, desto gesünder ist sie für dich und deinen Körper. Und je gesünder und kraftvoller dein Körper ist, desto leichter kann er die Schwingungserhöhung bewältigen. Auch die Zubereitung deiner Speisen sollte in der Energie der Liebe und der Dankbarkeit geschehen, denn das, was du denkst und empfindest, während du dein Essen zubereitest, wird sich in der Energiestruktur deiner Mahlzeiten wiederfinden. Sei also ganz im Hier und Jetzt anwesend und vollkommen bewusst, während du kochst.

Bevor du die Speisen zu dir nimmst, bedanke dich dafür, dass es diese wundervollen Nahrungsmittel für dich gibt. Danke allen Wesen, die an der Produktion deiner Nahrung beteiligt waren. Das beinhaltet manchmal eine lange Aufzählung, die du

aber nicht jedes Mal machen musst. Ich habe es mir jedoch zur Gewohnheit werden lassen, jedem einzelnen Beteiligten, den ich kenne, zu danken.
»Ich danke für dieses wundervolle Brot … Danke an alle Beteiligten, die Erde, den Wind, den Regen, die Sonne, die Gestirne, alle Wesen, die für das Wachstum zuständig sind, und alle Menschen, die dabei mitgeholfen haben, dass dieses Brot … heute hier für mich zum Verzehr bereitsteht. Ich bitte den Engel der Erde, den Engel des Wassers, den Engel der Luft und den Engel des Feuers, mir mit dem Verzehr dieser Nahrung ihre allerhöchsten und lichtesten Eigenschaften zur Verfügung zu stellen. Möge jede meiner Milliarden Zellen durch die Aufnahme dieser Nahrung volle Unterstützung erfahren, damit ich kraftvoll, gesund, von Licht erfüllt und in der Energie der bedingungslosen Liebe meinen irdischen Aufgaben nachkommen kann. Danke, danke, danke.«
Dies ist ein sehr kraftvolles Tischgebet, das ich dir nur empfehlen kann. Es soll dir eine Inspiration sein und dazu dienen, dass du deine eigenen Worte der Dankbarkeit findest. Du wirst innerhalb kürzester Zeit bemerken, wie du dein Essen besser verträgst, wie sich deine Gesundheit stabilisiert, wie dir mehr Energie nach dem Essen zur Verfügung steht, wie du mit weniger Essen satt bist, wie dein Körper und dein Geschmacksempfinden sich verändern. Probiere es selbst aus, und staune. Wenn du dir diese Form der Segnung und der Dankbarkeit angewöhnt hast, achte darauf, dass du das, was du sagst, auch empfindest. Die Wirkung ist sonst um ein Vielfaches schwächer.

Vielleicht möchtest du dieses kleine Ritual auch an deine Kinder weitergeben. Kinder lieben Gebete und Rituale und sind meist noch viel empfänglicher dafür. Bitte sie darum, auch ihre Gedanken dazu auszusprechen. Vielleicht bekommst du durch sie ganz neue Einsichten in die Energie der Dankbarkeit, denn Kinder sind spontaner und intuitiver.

Während des Essens solltest du darauf achten, dass du entweder nicht oder nur über positive, erhöhende und lichtvolle Begebenheiten sprichst oder auch nur an sie denkst. Du isst die Energie deiner Gedanken und deiner Worte mit, und sie werden deinem Körper in einer sehr feinen energetischen Form mit der Nahrungsaufnahme zugeführt. Auch beim Essen sind Bewusstheit und Achtsamkeit die wichtigsten Grundhaltungen.

Ich praktiziere dies seit vielen Jahrzehnten. Es ist immer und überall möglich, Einfluss auf die Gespräche bei Tisch zu nehmen oder sich eben nicht mit hineinziehen zu lassen, wenn der Gesprächsstoff negativ wird. Es ist deine Entscheidung, was du denkst und sagst, während du isst. Du wirst bemerken, wie du nach dem Essen kraftvoll und gestärkt bist und neue Energie bekommst, anstatt von Trägheit und Müdigkeit überwältigt zu werden. Während der Nahrungsaufnahme werden die lichtvollen Energien, die sich in deiner Nahrung befinden, von deinen feinstofflichen Körpern aufgenommen. Somit wird auch die Entwicklung deines Lichtkörpers durch deine Achtsamkeit beim Essen maßgeblich beeinflusst.

Lichtvolle **ENERGIEN** auf deinem spirituellen Entwicklungsweg

Mit jedem neuen Erwachen am Morgen, mit jedem Augenblick, ja, sogar mit jedem Atemzug hast du die Chance, dein Leben in eine neue Richtung zu lenken. Jeder kleine Moment schenkt dir die Energie der Veränderung und die schöpferische Kraft des Neubeginns. Wenn du dein Leben verändern möchtest, dein volles Potenzial entwickeln und leben willst, dann hast du immer und jederzeit die Möglichkeit dazu. Die Entwicklung deines lichten Selbst, das Erkennen all deiner Talente und Fähigkeiten, deiner unendlichen Entfaltungsmöglichkeiten und deiner Lebensaufgabe liegen immer nur diesen einen Augenblick der bewussten Entscheidung für deinen Weg des Erwachens von dir entfernt.

Schon dadurch, dass du dieses Buch gekauft hast und bis hierhin gelesen hast, zeigst du, dass du bereit bist für deinen ganz individuellen Weg des Erwachens. Deine Seele hat dir zugeflüstert, dass es an der Zeit ist, deine spirituellen Möglichkeiten, die du hier auf die Erde mitgebracht hast, auch wahrzunehmen.

Habe keine Angst davor, großartig, wundervoll, lichtvoll, glückserfüllt und strahlend zu sein, sondern sieh dies als dein gutes Recht an, denn genau dafür hast du dich inkarniert. Deine Seele will all die Talente und Fähigkeiten, die sie während vieler Inkarnationen gesammelt hat, und all die himmlische Weisheit, die sie in sich trägt, hier auf der Erde zur Verfügung stellen. Mit der Entwicklung deines Lichtkörpers bist du dabei, deine volle Seelenkraft zu erkennen, und du erfüllst deinen Seelenauftrag.

Mit der aktiven Integration all der Eigenschaften und Energien, die ich dir in den nachfolgenden Kapiteln wieder bewusst mache, bist du bestens für deine Lichtarbeit ausgestattet. Es liegt an dir, in welchem Tempo und in welcher Reihenfolge du voranschreiten willst. Höre auf deine innere Stimme, und beginne mit den Übungen, die dir leichtfallen. Du hast bereits einen wundervollen Weg zurückgelegt, alles ist richtig und passend in deinem Seelen-Zeitplan, und vielleicht ist gerade jetzt einfach der richtige Zeitpunkt für dich gekommen, um deine Erkenntnisse zu vertiefen und vor allem sehr bewusst in dein tägliches Leben zu integrieren.

Die folgenden Seiten sollen dir Freude bereiten, sie sollen dein Herz lächeln und deine Seele frohlocken lassen, denn sie sind die Stufen für deinen Aufstieg hin zu dem leuchtenden Wesen, das du bist. Nimm die Worte und die Übungen leicht und spielerisch. Sei kreativ bei der Umsetzung, und sieh es als eine wundervolle Möglichkeit an, dein Ziel, das vollkommene Erwachen, zu erreichen. Das Einzige, was du wirklich benötigst, ist, dass du mit deiner Entfaltung beginnst, kontinuierlich dranbleibst und Ausdauer beweist.

Ich wünsche dir den Mut, dass du JA
zu dir selbst sagen, all deine Bedenken
über Bord werfen und zu dir und deiner
Einzigartigkeit stehen kannst.

Viel Freude bei der Entwicklung deiner
besten Eigenschaften, bei der Entdeckung
deiner Einzigartigkeit, bei der Umsetzung
deiner Talente und bei der Ausdehnung
deiner Weisheit.

Die **MACHT** deiner Gedanken

Du denkst ununterbrochen, und anhaltend werden die unterschiedlichsten Gedanken in deinem Kopf erzeugt. Alles, was du denkst, gleichgültig, ob unbewusst oder bewusst, erzeugt lebendige Energien. Stelle es dir so vor, als würdest du ständig kleinste Lebewesen gebären, die dich und dein Umfeld bevölkern. Du hast doch sicherlich auch lieber schöne und liebevolle Wesen um dich herum als schwermütige, zornige oder traurige. Beginne also jetzt sofort damit, deine Gedanken zu beobachten und bewusst wahrzunehmen, was du denkst.
Es ist eine große Kunst, bewusst positive Gedanken zu haben. Gerade wenn du damit beginnst, wirst du sehr oft bemerken, wie deine Gedanken sich verselbstständigen. Immer, wenn das geschieht, halte inne, und atme dreimal tief durch. Lächle, und richte deine Gedanken neu aus. Weil deine Gedanken auch das beeinflussen, was du sprichst, kannst du gar nicht genug Achtsamkeit auf die positive Ausrichtung deiner Gedanken legen. Jede Tat beginnt mit einem Gedanken, gleichgültig, ob es eine gute oder eine schlechte Tat ist.

Deine Gedankenkraft kann sehr viel bewirken, und mit der vollen Ausbildung deines Lichtkörpers verfügst du über enorme Macht. Daher ist es wichtig, dass du deine Gedanken bewusst beherrschst. Wir leben in einer Zeit, in der alles sehr schnell gehen soll, aber manche Dinge brauchen Disziplin und Ausdauer. Und die Ausrichtung deiner Gedanken auf das Positive ist eine der Eigenschaften, deren Ausbildung etwas mehr Zeit in Anspruch nimmt. Ja, es ist sogar eine Übung, die niemals endet, schon gar nicht, wenn du ein Meister darin werden willst.

Weil wir durch unsere Erziehung eher auf negatives Denken und auf Beurteilungen geschult wurden, ist es nur natürlich, dass es viel Aufmerksamkeit braucht, diese Konditionierung hinter uns zu lassen.

ÜBUNG: Dein Gedankenwecker

Lasse dich dreimal am Tag zu festgelegten Zeiten durch einen Alarm an eine kurze Überprüfung deiner Gedanken erinnern. Stelle dir einen Wecker, oder aktiviere den Alarm deines Smartphones. Wenn der Alarm läutet, halte kurz inne, und überprüfe, was du bisher und in diesem Moment gedacht hast.
Beurteile dich nicht, wenn es dir nicht von Anfang an gelingt, deine Gedanken positiv auszurichten – das wäre kontraproduktiv. Beachte auch, dass es bei dieser Übung nicht darum geht, negative Geschehnisse in deinem Leben positiv zu färben, sondern darum, langsam und beständig in eine positive Ausrichtung und Sichtweise aller Geschehnisse des Lebens zu kommen. Aufgrund des Resonanzgesetzes ziehst du dann vermehrt positive Ereignisse in dein Energiefeld und in deinen Alltag.

Tut z. B. jemand etwas, was dich kränkt, dann geht es darum, dass du diese Kränkung aus deinem System entlässt. Du kannst dies aussprechen, ein Bild malen, ein Lied dichten, es an die Engel abgeben oder Sport treiben. Was auch immer dir dabei hilft, mit negativen Energien in Zukunft umzugehen, beginne damit, sie aus deinem Feld zu entlassen. Verlasse das Spiel der

Schatten, indem du negative Gedanken loslässt. Halte dich von der Energie der Be- und Verurteilung fern, denn durch sie erschaffst du nicht nur Schattenenergie um dich herum, sondern du schädigst auch deine Aura.

Durchbrich deine alten Verhaltensmuster, und gehe in deine Kraft, indem du zunächst einige Male ruhig und tief atmest. Damit erzeugst du eine reine und klare Energie in dir und um dich herum.

Es ist nicht leicht, wenn du dich ungerecht behandelt fühlst, nicht sofort in Reaktion zu gehen. Verstehe aber, dass solche emotionalen Reaktionen der einfachste und leichteste Weg sind, dir deine Energie zu rauben.

Dieser Punkt ist so essenziell, dass ich es noch einmal wiederholen möchte. Jedes Mal, wenn du dich aufregst und in Resonanz mit starken negativen Energien und Emotionen gehst, stiehlt der Verursacher deiner emotionalen Reaktion deine Energie. Ist dir schon einmal aufgefallen, wie müde und ausgelaugt du dich nach einem Wutanfall fühlst oder wie gestärkt der andere nach deinem Ausbruch ist?

Es ist gleichgültig, ob dich dein Partner, der Busfahrer, dein Kind oder dein Chef ärgert, sobald du in Resonanz gehst, verlierst du deine Balance und damit deine Kraft. Beobachte deine Gedanken, und wandle sie ins Positive. Dann werden die

Wörter, die du verwendest, ebenfalls aktiv und nicht reaktiv sein. Versuche, sachlich und klar auf die Situationen zu schauen. Agiere, aber reagiere nicht.

Die Kontrolle deiner Gedanken ist ein Hauptaspekt bei der Entwicklung deines Lichtkörpers. Solange du nicht über deine Gedanken herrschst, werden sie dich beherrschen. Es ist eine wundervolle Möglichkeit, durch deine bewussten Gedanken deine eigenen wunderschönen und positiven Energiewesen zu erzeugen, die dich wie Engel umgeben. Du bist immer frei, deine Gedanken zu kontrollieren und das zu denken, was sich für dich gut anfühlt. Erinnere dich daran, dass deine Gedanken zu deiner Wirklichkeit werden und dass jeder Schöpfungsprozess mit dem ersten Funken eines Gedankens beginnt. Es ist also sehr wichtig, dass du einen großen Teil deiner Aufmerksamkeit und deiner Energie auf die Erziehung deiner Gedanken richtest, wenn du in deiner Lichtkörperarbeit vorankommen möchtest.

Gerade wenn du automatisierte Handlungen ausführst, wie z. B. beim Autofahren oder Bügeln, geschieht es ganz leicht, dass deine Gedanken abschweifen und sich in Beurteilungen, Sorgen oder Negativität verstricken. Das ist sehr destruktiv für dich, dein Glück und deinen Lebensausdruck. Überprüfe bei der nächsten Autofahrt einmal, wie du normalerweise über andere Verkehrsteilnehmer denkst, die sich deiner Meinung nach ungeschickt verhalten.
Achte darauf, was in dir, mit deiner Energie und auch mit den anderen Verkehrsteilnehmern geschieht, wenn du deine Gedanken bewusst wahrnimmst. Sei einfach nur ein stiller Beobachter. Du wirst verwundert sein, wie schnell sich die angespannte

Energie in dir auflöst und wie du die Situation plötzlich neu und befreiter siehst.
Beginne, während der Autofahrten positive Wörter zu sammeln. Das geht ganz einfach: Bilde aus den Buchstaben der Nummernschilder vor dir fahrender Autos so viele ausschließlich positive Wörter, wie dir einfallen, z. B. aus S Sonne, Seele, Süße … Diese kleine Übung hat zwei Vorteile: Erstens beschäftigst du dich mit positiven Wörtern. Zweitens nimmst du diese Wörter in deinen Wortschatz auf, und er stellt sich wieder vermehrt auf positive Wörter um. Wenn du in deinem Alltag positive Wörter brauchst, hast du sie schneller parat.

Jeder Gedanke erzeugt ein Wesen und setzt Schöpferenergien frei. Sei also achtsam, was du denkst. Verändere dein Verhalten, indem du anderen Menschen einfach einmal zulächelst und ihnen einen guten, positiven Gedanken sendest.

Die heilende **KRAFT** der **DANKBARKEIT**

Nimm dir einige Minuten Zeit nur für dich, und danke deinem Körper. Hast du schon einmal deinen Füßen dafür gedankt, dass sie dich den ganzen Tag tragen? Oder deinen Organen, die einfach ihre Arbeit tun, ohne dass du etwas dafür tun musst? Danke auch deinen Augen, deiner Nase, deinen Zähnen, deiner Haut. Bedanke dich bei allen Körperteilen, die dir einfallen, für das, was sie tagtäglich tun. Ja, vielleicht bedankst du dich an dieser Stelle zum ersten Mal bei jeder einzelnen Zelle dcines Körpers. Jede Zelle ist ein eigenständiges Lebewesen, in dem bereits alles gespeichert ist, was du bist. Deine Zellen erneuern sich und tun ihren Dienst auch ohne deine Anweisung. Sie arbeiten ohne Unterlass daran, dass es dir gut geht und du gesund und stark bist.

Dankbarkeit ist eine der wichtigsten Energien im Lichtkörperprozess. Je mehr Dankbarkeit du in deinem Herzen empfindest und je öfter du in der Energie der Dankbarkeit lebst, desto leichter und schneller wird deine Entwicklung voranschreiten. Wo die Energie der Dankbarkeit vorherrscht, haben niedere Energien keinen Raum.

Lebe Dankbarkeit für dich und alles, was du bist, alles, was du bereits erleben durftest, und alles, was in deinem Leben an schönen und erhebenden Momenten war und noch sein wird. Du kannst sie immer und überall ausdrücken. Ein einfacher Satz oder Gedanke, ja, manchmal ist es sogar nur ein einzelnes Wort oder ein ehrliches Lächeln, die deine Dankbarkeit angemessen ausdrücken.

Gleichgültig, ob du im Auto fährst, spazieren gehst oder einkaufst, nimm dir einen kurzen Augenblick, in dem du innehältst und dankbar bist. Sobald du deinen Fokus auf die Dankbarkeit ausrichtest, wird dein Leben positiver, und deine spirituelle Entwicklung wird sich beschleunigen. Beginne sofort damit, dankbar zu sein. Es ist so einfach.

Bei wem und wofür möchtest du dich bedanken? Je geübter du darin wirst, die Dankbarkeit in deinem Herzen zu empfinden und sie aus dir hinausströmen zu lassen, desto leichter wird es dir fallen, dich auch für Situationen und Personen, die du im ersten Moment als unangenehm erlebst, zu bedanken. Jede Begegnung ist ein Puzzleteil in deinem ganz persönlichen Lebensbild, und jedes davon hat seine Berechtigung, seinen Platz und seine Wichtigkeit. Bedanke dich auch dafür, dass es eine übergeordnete Intelligenz gibt, die dir dabei behilflich ist, in deine Vollkommenheit zu finden.

Dankbarkeit für dein gesamtes Leben, für jeden Augenblick, jede Begegnung ist eine der einfachsten, aber auch eine der schwierigsten Übungen auf deinem Entwicklungsweg, denn dein Ego versucht dir einzureden, dass nur du wichtig bist. Es ermuntert dich zu stolzen und überheblichen Gefühlen und Gedanken. Aber die Kraft der Dankbarkeit hilft dir dabei, dein Ego zu erziehen, ihm den Platz zuzuweisen, der ihm zusteht, damit es nicht Regie in deinem Leben führt.
Gleichgültig, was du schon alles in deinem Leben gemacht hast oder was du besitzt, du wirst so lange immer wieder an unüberwindbare Barrieren in deiner Entwicklung stoßen, bis du Dankbarkeit durch dich hindurchfließen lassen kannst und sie ein ganz natürlicher Bestandteil deines täglichen Lebens wird. Diese Energie zu kultivieren, ist unspektakulär, und vielleicht ist es auch manchmal nicht leicht für dich, die Geduld aufzubringen. Aber vertraue darauf, dass die Übung, dankbar zu sein, in deinem täglichen Leben mehr bewirkt als viele teure Seminare und komplizierte spirituelle Anleitungen. Du bist die einzige Person in deinem Leben, die eine Veränderung bewirken kann, und dazu gehören auch Übungen und die Bewusstheit zu jeder Tageszeit und in jeder Situation.

Dankbarkeit ist neben der bedingungslosen Liebe und der Achtsamkeit eine Grundvoraussetzung für einen voll entwickelten Lichtkörper.

FREUNDLICHKEIT
öffnet dein Herz

Eine der in unserer Gesellschaft fast schon vergessenen Tugenden ist die Freundlichkeit. Sie erfährt meist wenig Beachtung, und ihr wird kein großes Potenzial in der spirituellen Entwicklung beigemessen. Dabei ist sie unerlässlich, wenn du dich weiterentwickeln möchtest. Wenn ich mich umsehe und umhöre, fällt es mir ganz besonders auf, wie selten ich wirklich freundliche Menschen treffe und wie herzerwärmend es für mich ist, wenn ich einem der seltenen Exemplare der gelebten Freundlichkeit begegne.

Der Großteil der Menschheit verhält sich jedoch nicht so freundlich. Die meisten Menschen sind eher griesgrämig, tough, cool, unpersönlich, glatt, genervt … Denke einmal darüber nach, wie oft du selbst tatsächlich freundlich bist, freundlich lächelst oder freundlich mit anderen Menschen, deiner Familie, deinen Freunden, deinen Liebsten umgehst. Wie wundervoll ist es hingegen, wenn du einem Menschen begegnest, dessen Augen dir zulächeln, der sich tatsächlich ganz ehrlich freundlich mit dir unterhält und Interesse an dir zeigt?
Beginne, selbst dieser Mensch zu sein. Bringe einen Unterschied in die Welt, indem du wieder freundlich bist. Es kostet nichts außer Achtsamkeit und Liebe für andere. Du wirst schnell merken, wie dich die Tugend der Freundlichkeit auf deiner Lichtkörperreise wie ein Boost vorwärtsbringt. Ebenso wird sich die Welt um dich herum gravierend verändern, denn so, wie du deine freundliche Energie nach außen verbreitest, wird sie zu dir zu-

rückfließen. Übe immer und überall ehrliche Freundlichkeit, fokussiere deine Gedanken auf diese lichtvolle Energie. Werde dir auch deiner eigenen unfreundlichen Reaktionen bewusst, und korrigiere sie. Nimm dazu zuerst einmal einige tiefe Atemzüge, bevor du auf etwas antwortest. Auch eine negative Antwort kann freundlich ausgesprochen werden, und die kurze Atempause gibt dir die Möglichkeit, aus deinem ersten reaktiven Impuls in eine freundlichere und gefasstere Gesamthaltung zu finden.

Freundlichkeit geht Hand in Hand mit einem gesunden Selbstbewusstsein. Sie ist eine innere Herzenshaltung und kann nicht allein von deinem Kopf gesteuert werden. Es bedarf sehr viel Übung und bewusster Aufmerksamkeit, um ein bis in jede Zelle freundlicher Mensch zu sein. Nimm dir jeden Abend einige Minuten Zeit, um deinen Tag Revue passieren zu lassen, und finde heraus, wo du dich noch in Freundlichkeit üben kannst. Du wirst merken, wie sich dein Leben nach einigen Wochen sehr zum Positiven wandelt. Verändere deine Welt mit deinem ehrlichen freundlichen Lächeln.

ÜBUNG: Dein Freundlichkeitstagebuch

Besorge dir ein schönes Schreibbuch, das dein ganz persönliches Freundlichkeitstagebuch werden soll. Wähle einen Menschen aus deinem Alltagsleben aus, bei dem es dir leichtfällt, freundlich zu sein. Für die nächsten einundzwanzig Tage ist es deine Übung, diesem Menschen immer freundlich zu begegnen, ihn anzulächeln, freundliche Gedanken über ihn zu haben, ihm deine Freundlichkeit aktiv zu zeigen. Mache dir Notizen darüber, wie es dir mit deiner

Freundlichkeit geht, wie die Person auf dich reagiert, was an Freundlichkeit zu dir zurückfließt, wie sich euer Verhältnis zueinander verändert, wie oft es dir schwerfällt oder du einfach vergessen hast, dass du freundlich sein wolltest, wie vielleicht andere auf dich reagieren …
Nimm dir nach den einundzwanzig Tagen ausreichend Zeit, dein Experiment zu resümieren. Danach wähle eine andere Person aus. Bei ihr sollte es dir schwerfallen, freundlich zu sein, und starte einen neuen intensiven Freundlichkeitszyklus von diesmal achtundzwanzig Tagen. Mache dir ebenfalls Notizen in deinem Tagebuch, und finde auf diese Weise immer mehr in deine wahre innere Freundlichkeit. Auch zu diesem Experiment ziehst du nach achtundzwanzig Tagen ein Fazit. Du wirst merken, wie es nach dieser Übung um ein Vielfaches einfacher für dich ist, deine Freundlichkeit zu zeigen und zu kultivieren.

ACHTSAMKEIT und LIEBE für die alltäglichen Dinge

Achtsamkeit ist eine der unerlässlichen Energien, wenn du deinen Lichtkörper voll entwickeln möchtest. Überprüfe, wie es um deine Achtsamkeit bestellt ist. Wie gehst du mit dir, mit deinen Mitmenschen, mit Pflanzen oder Tieren um? Welche Energie wird von dir auf die Gegenstände, die du berührst, übertragen? Wie sieht es mit deiner Achtsamkeit aus, wenn du alltägliche Handlungen ausführst?

Achtsam sein hat viel mit Bewusstsein zu tun. Je bewusster du wirst, desto achtsamer solltest du sein. Achtsamkeit drückt sich bereits in deinem Gang, deinem Händedruck oder deinem Blick aus. Gleichgültig, ob es um deine Wohnung, deine Arbeitsstelle, deinen Garten oder deine Persönlichkeit geht, achtsam sein heißt, vollkommen präsent zu sein und im Hier und Jetzt zu leben.

Wie oft geschieht es aus Gedankenlosigkeit, dass du Blumen zertrittst, etwas in der Natur wegwirfst, eine Spinne tötest, Türen laut zuschlägst oder Menschen, die dich anlächeln, ignorierst? Diese Aufzählung kannst du sicherlich beliebig erweitern, je nachdem, wie bewusst und achtsam du bereits bist. Wenn dir etwas in deinem täglichen Leben keine Freude macht, versuche, es neutral zu sehen, bevor du bereit bist, in all deine täglichen Handlungen und Begegnungen die Energien der Achtsamkeit und der Liebe fließen zu lassen.

ÜBUNG: Lebe mehr Achtsamkeit

Nimm dir eine deiner ganz alltäglichen Verhaltensweisen vor, eine, von der du weißt, dass du darin nicht sehr achtsam bist. Lege deinen vollen Fokus auf diese Handlung, und tue dies mindestens drei Wochen lang. Sei konsequent, denn wenn du drei Wochen lang Achtsamkeit in diese eine tägliche Handlung fließen lässt, hast du in dir und in deinem energetischen Feld eine grundlegende Änderung herbeigeführt. Du wirst dann diese Handlung in Zukunft immer in der Energie der Achtsamkeit ausführen.

Wenn du diese Veränderung bei einer deiner Verhaltensweisen herbeiführen kannst, dann kannst du es bei allen. Diese Übung wird dir immer leichter fallen, und dein Leben wird sich grundlegend ändern.

Das Ziel der Lichtkörperentwicklung ist es immer, achtsam und aufmerksam zu sein und mit dieser Energie durch das Leben zu gehen. Du bist als Lichtarbeiter ein Vorbild für andere, also beginne, das zu verstehen und dich entsprechend zu verhalten. Nur, wenn du dein Verhalten änderst und achtsam bist, veränderst du etwas in deinem Umfeld und auf der Erde.

VERANTWORTUNG für die eigene Entwicklung übernehmen

Verantwortung ist ein großes Wort, das in unserer Gesellschaft häufig eine negative Färbung hat. Sehr gern drücken wir uns vor der Verantwortung für unsere Entwicklung, geben sie an unsere Lehrer, Gurus oder Meister ab. Aber du bist die einzig verantwortliche Person in deinem Leben. Du führst Regie und erschaffst dein Umfeld nach dem Bild, das du in dir trägst. Alle Begebenheiten in deinem Leben sind Teil deines Lebensspiels, und niemand kann deine Entwicklungsschritte für dich machen. Alles, was dir von außen durch Seminare, Bücher oder Vorbilder gezeigt wird, sind nur Hilfestellungen, Hinweise und Angebote, aber niemand kann deinen Weg für dich gehen. Du allein bist für dich und die Entwicklung deines Lichtkörpers verantwortlich.

Verantwortung für dich und deinen Lebensweg zu übernehmen, heißt, dass du die Schuldzuweisungen hinter dir lässt und beginnst, alles, was jemals in deinem Leben war und noch sein wird, in einem neuen Licht und einer neuen Energie zu betrachten. Alle Mitspieler in deinem Lebensplan helfen dir dabei, in deine Kraft zu kommen, und alle Ereignisse sind dazu gedacht, dass du erwachst.

Gleichgültig, was in der Vergangenheit war, jetzt bist du in der Zeit der Ernte angekommen. Du erntest, was du in der Vergangenheit gesät hast. Das, was hinter dir liegt, ist bereits geschehen und somit nicht mehr veränderbar, aber deine Sicht auf die Vergangenheit kannst du ändern. Dieser Moment des Umdenkens, der Neustrukturierung kann etwas länger dauern. Jetzt bist du gefordert, dir bewusst zu machen, was du möchtest und wer du bist. Welche Ziele hast du in deinem Leben? Was hält dich davon ab, sie zu verwirklichen? Welche eingefahrenen Energiestrukturen und Verhaltensmuster bringen dich immer wieder vom eingeschlagenen Weg ab?

Verantwortung für dein Leben und deinen Lebensplan zu übernehmen, heißt nicht, alles von einer Sekunde auf die andere zu verlassen und dich selbst zu verwirklichen. Das geht in den seltensten Fällen gut. Es geht darum, herauszufinden, was deine Begabungen, deine Talente, deine Fähigkeiten und deine Möglichkeiten sind, ein Ziel zu fokussieren und dann unermüdlich dieses Ziel anzusteuern. Es braucht Zeit und Ausdauer dafür, die Eigenschaften, die bei der Entwicklung deines Lichtkörpers eine wichtige Rolle spielen, und die neuen Energien in deinem System zu verankern. Deine alten Verhaltensmuster holen dich unweigerlich wieder ein, wenn du sie nicht bereits durch neue ersetzt und diese gefestigt hast.

Wer eigenverantwortlich lebt, ist sich immer aller Konsequenzen bewusst und handelt zum Wohl aller. Immer, wenn du die Verantwortung für dich und dein Leben abgibst, schwächst du dich. Erkenne deine Schöpferkraft, und gehe in die kraftvolle und freudige Energie der aktiven Gestaltung deines Lebens nach deinen eigenen Wünschen und Vorstellungen.
Verantwortung zu übernehmen, heißt nicht zuletzt, zu lernen, wirklich glücklich zu leben. Glücklich zu sein, ist deine natürlichste Begabung. Finde heraus, was dich wirklich glücklich

macht, und übernimm die Verantwortung dafür, dass du alles, was in deiner Macht steht, tust, um in dein Glück zu kommen. Erstelle Pläne, und übernimm die Verantwortung für ihre Ausführung. Wenn du das Gefühl hast, dass dich die ganze Welt davon abhalten will, deine Ziele zu erreichen, und die schwächenden Energien des Aufgebens und der Schuldzuweisung bei dir und anderen einsetzen, halte inne, und fokussiere dich wieder auf deine Ziele. Werde dir deines freien Willens und deiner Kraft immer wieder bewusst.

Der häufigste Grund dafür, warum du nicht in deiner Kraft und auf deinem Weg bleibst, ist vermutlich die Angst davor, nicht geliebt zu werden. Du willst geliebt werden. Deshalb stellst du sehr oft deine eigenen Wünsche und deine Kraft hinter die anderer, z. B. deines Lebenspartners, deiner Arbeitskollegen, deiner Familie. Erkenne, dass dies ein altes Muster ist und dass es nichts mit der Realität zu tun hat. Du bist liebenswert, und du darfst deine Wege gehen und dein Leben so gestalten, wie es für dich richtig ist. Wenn du deine Verantwortung für dein Leben abgibst, heißt das noch lange nicht, dass du dafür mehr geliebt wirst oder dass du dann glücklich bist. Gehe mit erhobenem Haupt deiner Wege, und versuche nicht, die Pfade anderer zu gehen, nur um ihnen zu gefallen.

Du wirst geliebt, weil du so bist,
wie du bist – einzigartig.

Lerne auch, die Gesetzmäßigkeiten von Karma zu verstehen und tief in dir zu verankern. Karma hat nicht nur mit deinen vergangenen Leben zu tun, sondern es ist etwas sehr Lebendiges, das ununterbrochen auch während deiner jetzigen Lebenszeit von dir erschaffen wird. Karma bedeutet, dass das, was du auf deinem Lebensweg pflanzt und säst, auch das ist, was du erntest. Dein Leben heute ist also ein Resultat dessen, was du in den vergangenen Tagen, Wochen, Monaten und Jahren gedacht, gefühlt und getan hast.

Werde dir deiner Schöpferkraft bewusst, und setze sie zu deinem Wohl und dem Wohl aller Wesen ein. Du denkst nun vielleicht, dass das nicht sein kann, aber ich sage dir, dass du einen großen Anteil daran hast, wo du dich gerade auf deinem Lebensweg befindest. Du hast dir genau deine Lebensumstände kreiert. Was auch immer im Außen sein mag, der Schlüssel zur Veränderung liegt immer in dir. Ich weiß, dass das nicht immer leicht zu verstehen und vor allem nicht einfach zu akzeptieren ist, aber das Gesetz der Resonanz wirkt genau so.

In allen biologischen Abläufen können wir es verstehen, und es ist uns völlig klar, dass wir uns nach einer Weile des Wachsens und Gedeihens am Rosenduft und an den herrlichen Blüten erfreuen können, wenn wir Rosen gepflanzt haben. Auf der energetischen Ebene jedoch tun wir uns auf einmal sehr schwer, dieses Gesetz anzuerkennen. Warum glaubst du, dass du Fülle, Liebe, Frieden … ernten wirst, wenn du im Mangel, in Beziehungsangst, in Streit … denkst, fühlst und danach handelst?

Übernimm die Verantwortung für dein Denken, dein Fühlen und dein Handeln – das ist ein ganz großer Schritt auf deiner Lichtkörperreise. Er erfordert sehr viel Geduld mit dir selbst, Aufmerksamkeit, Fokussierung und allem voran Ausdauer. Ich habe eine lange Zeit damit verbracht, die Gesetzmäßigkeiten von Karma und Dharma zu erforschen und sie in mein Leben zu integrieren. Es dauerte eine Weile, bis ich die Unterschiede zwischen Resultaten, für die ich selbst in diesem Leben verantwortlich bin, Wirkungen vorangegangener Inkarnationen bis hin zu den karmischen Verwicklungen der Ahnen und den genetischen Voraussetzungen erkannte.
Es ist sehr wichtig, dass du diese Unterscheidungen auch auf deiner Lichtkörperreise erforschst und dabei lernst, ehrlich mit dir selbst zu sein. Verantwortung abzugeben, ist so einfach. Und Verantwortung zu übernehmen, ist hingegen manchmal schwierig, weil du niemandem Schuld abgeben oder zuweisen kannst und deshalb ganz und gar auf dich selbst zurückgeworfen bist. Verantwortung für deine Entwicklung hin zu einem voll erstrahlenden Lichtkörper zu übernehmen und darauf zu achten, was du in deinem Lebensgarten kultivieren willst, ist von essenzieller Wichtigkeit für dein vollkommenes Erwachen.

Wenn du etwas erreichen willst, kann dich niemand davon abhalten – außer dir selbst.

ÜBUNG: Befreie dich von Blockaden, und folge deinem Ziel

Nimm dir Zeit für dich. Lege mehrere Blätter Papier und einen Stift zurecht, und komme in deine Mitte. Vielleicht hörst du gern schöne Musik, oder du bevorzugst einen Ort in der Natur. Es ist deine Zeit, also gestalte sie so, wie es für dich gut ist. Beruhige deine Gedanken, indem du tief und regelmäßig atmest.

Schreibe auf das erste Blatt nun deine Ziele, Wünsche und Hoffnungen für die Zukunft. Schreibe alles auf, auch wenn du im Moment das Gefühl hast, dass es völlig unmöglich ist. Alles, was du erdenken kannst, liegt auch im Bereich deiner Möglichkeiten. Sobald du die Seite mit deinen Zielen gefüllt hast, wähle das aus, was für dich im Moment am wichtigsten ist. Schreibe es erneut auf ein Blatt Papier, dieses Mal aber ausführlicher, mit allen Schritten, die dich zu diesem Ziel hinführen, und mit einem realistischen Zeitrahmen.

Nimm ein drittes Blatt Papier, und schreibe alle deine Ängste, Ausflüchte, alle Menschen und Situationen auf, die dich deiner Meinung nach daran hindern, dieses Ziel zu verwirklichen. Lasse dir Zeit. Dieser Zettel ist nur für dich gedacht, und niemand wird ihn jemals lesen. Also schreibe aus tiefstem Herzen alle deine Ängste auf, auch die, die vielleicht völlig irreal sind.

Wenn du dies getan hast, nimm diesen Zettel, und sei dir bewusst, dass du durch das Aufschreiben alle diese Ängste aus deinem System entfernt hast. Wähle dir nun eine Methode aus, diese alte Energie zu wandeln. Wenn du den Zettel verbrennst, wird die Energie durch das Feuer in für dich gute und nützliche Energie umgewandelt. Wenn du den Zettel vergräbst, wird er durch die Kraft der Erde kompostiert und transformiert. Wenn du ihn dem Wasser übergibst, wird er weggespült, gereinigt und geklärt. Wenn du ihn dem Wind anvertraust, wird er in die höheren Welten getragen. Sei dir dessen vollkommen bewusst, und nimm es als gegeben an, dass durch dieses Ritual deine alten, blockierenden Muster in für dich nützliche Energie umgewandelt werden.

Zur Lösung von alten Energiemustern kannst du auch alle deine Ängste und Blockaden in einen goldenen Kelch legen, den du in deinen Händen visualisierst. Strecke deine Arme mit dem imaginären Kelch weit über deinen Kopf nach oben. Bitte nun die Erzengel, diesen Kelch hinaufzutragen in die höchsten Himmel und den Inhalt dort zu transformieren. Alles, was dich belastet oder einschränkt, möge in die höchsten Tugenden, die du gern hättest, umgewandelt werden. Biete einen Teil dieser umgewandelten Energien den Erzengeln dar, und bitte sie, diese Energien dorthin auf die Erde zu senden, wo sie benötigt werden. Der Rest möge zu dir zurückfließen. Stelle dir vor, wie die transformierte Energie durch dein Kronenchakra wieder in dich hereinfließt und deine Energiezentren auffüllt. Spüre den Mut, die Kraft, die Dankbarkeit, die Liebe, die Harmonie, die Freundlichkeit, die Ausdauer, das Vertrauen, den Selbstwert, die Toleranz und alle Tugenden, die du dir wünschst, durch dich hindurchströmen, und sei dir bewusst, dass du deinem Ziel bereits um viele Schritte näher gekommen bist.

Diese Transformationsübung kannst du immer und überall machen. Bitte die Engel, Erzengel oder Aufgestiegenen Meister um ihre Unterstützung bei der Umwandlung der Energien. Wenn du diese Übung regelmäßig machst, wirst du merken, wie du die Ziele auf deiner Lichtkörperreise schneller, leichter und spielerischer erreichen kannst.

TOLERANZ schenkt tiefen FRIEDEN und ENTSPANNUNG

Ein wahrlich unerschöpfliches Übungsfeld für deine Lichtkörperentwicklung ist es, die Kunst der Toleranz zum Erblühen zu bringen. Unsere Welt hat sich leider noch nicht wirklich auf Liebe, Mitgefühl, Frieden und vor allem Toleranz eingeschwungen, sondern es herrschen noch zu viel Intoleranz, Starrheit und emotionale Kälte vor, die zerstörerisch auf unsere Gemeinschaft wirken. Deshalb ist es äußerst wichtig, dass du als Lichtarbeiter der Neuen Zeit die hoch schwingende, positive Energie der Toleranz in dir entwickelst und in deinem Leben manifestierst.
Erst, wenn wir es als Gemeinschaft schaffen, unsere Mitmenschen und alle lebendigen Wesen anzunehmen, wie sie sind, werden wir dem gelebten Frieden auf Erden näher kommen. Solange wir aber trennenden und intoleranten Gedanken und Handlungen nachgehen, rückt die goldene Zeit der Fülle und der gelebten Weisheit in die Ferne.

Ich bin immer wieder sehr tief in meinem Herzen von Traurigkeit berührt, wenn ich sehe, wie leichtfertig Andersdenkende oder -aussehende verurteilt und ausgegrenzt werden. Warum nur fällt es uns Menschen so schwer, jeden Lebensausdruck – und mag er noch so fremd erscheinen – wertzuschätzen und die individuelle Freiheit anderer zu tolerieren?
Bitte verstehe mich nicht falsch, es geht nicht darum, dass du Verhaltensweisen, die schädigend für die Gesellschaft oder dich selbst sind, oder Aktionen, denen die Energie der Schatten an-

haftet, tolerieren oder akzeptieren sollst. Ich spreche hier davon, dass bei sehr vielen Menschen bereits die Toleranz gegenüber einer anderen Lebensansicht fehlt.

Beginne, aus den negativen und zerstörerischen Energien der Bewertung, Beurteilung, Ablehnung, der Negativität und der Verurteilung auszusteigen. Mache deinen Geist frei für die erhebende Kraft der Toleranz und des Respekts gegenüber jeglicher Lebensform. Deine Lichtkörperreise kann nur weitergehen, wenn du bereit bist, dich von alten Denkweisen, vorgefassten Meinungen, starren Vorstellungen und überholten Dogmen zu befreien. Öffne deinen Geist für das Leben in all seinen milliardenfachen Varianten. Vielleicht erscheinst auch du mit deiner spirituellen Ausrichtung anderen manchmal sehr seltsam, deshalb erinnere dich immer wieder daran, wie sehr du es wertschätzen kannst, wenn andere dir unvoreingenommen und offen begegnen. Kultiviere die lichte Kraft der Toleranz in dir. Frage dich einmal, warum du die Meinung oder die Lebensart deiner Mitmenschen nicht einfach so akzeptieren kannst, wie sie sind. Warum bist du in manchem so intolerant? Was reizt dich dann so sehr, dass du dich darüber aufregen musst, verbale Schläge austeilst oder dunkle Gedankengänge wälzt? Wenn du andere akzeptierst, wie sie sind, ohne Wenn und Aber, befreit dich das und lässt dein Leben um ein Vielfaches einfacher und auch lichtvoller werden. Schenke dir und auch anderen die Freiheit, indem du in deinen Gedanken, deinen Gesprächen und deinen Handlungen der lichten und auch sehr sozialen Energie der Toleranz einen angemessenen Wert einräumst.

ÜBUNG: Die liegende Acht für mehr Toleranz auf der Erde

Suche dir einen schönen und ruhigen Platz in der Natur. Es soll ein Ort sein, an dem du eine große liegende Acht aus Naturmaterialien legen kannst. Dies ist eine Gruppenübung, also lade einige Freunde, deine Familie oder eine andere Gruppe ein, etwas für mehr Toleranz auf der Erde zu gestalten. Bitte alle teilnehmenden Menschen darum, dass sie Gegenstände mitbringen, die ihnen in Bezug auf Toleranz und Harmonie für sie selbst, aber auch für die Gemeinschaft der Menschen wichtig sind. Es sollen Gegenstände sein, die in der Natur zurückgelassen werden können.

Geht gemeinsam an den Ort in der Natur, den du vorher ausgesucht hast. Nun informiere alle darüber, dass ihr gemeinsam eine große liegende Acht aus Naturmaterialien, die ihr vor Ort findet, legen wollt. Die liegende Acht ist ein Ausdruck von Gleichklang, Toleranz und Harmonie. Das Legen der Lemniskate soll schweigend stattfinden. Wenn die Acht fertig ist, schreibt ihr in eine Schleife der Acht Wörter wie Menschheit, Erde, Gemeinschaft, Tiere, Pflanzen, Kollektiv, feinstoffliche Wesen hinein. Das kann direkt auf dem Boden geschehen, oder ihr beschreibt ein umweltverträgliches Papier. Die Wörter können auch aus Kieselsteinchen gelegt werden.
Anschließend darf jeder Anwesende einen seiner von zu Hause mitgebrachten Gegenstände in die zweite Schleife der Acht legen, bei jedem Durchgang soll immer nur pro Person ein Gegenstand hineingelegt werden. Erzählt da-

bei, warum gerade dieser Gegenstand sinnbildlich für die Entwicklung von Toleranz ist.
Beobachte dich und die anderen – welche Gedanken kommen dir? Was wird gesprochen? Wie tolerant bist du während dieser gemeinsamen Installation, die etwas sehr Heiliges für die Erde und alle Wesen beinhaltet? Was denkst du über die Art und Weise, wie die mitgebrachten Gegenstände hineingelegt werden? Was denkst du über die Mitbringsel selbst und über die Energien, die gemeinsam kreiert werden? Wie fühlst du dich? Jeder Teilnehmer hat seine eigene Vorstellung von dem gemeinsamen Werk, und genau deshalb wird es etwas sehr Buntes, Einzigartiges und Kreatives. Im besten Fall seid ihr harmonisch miteinander und könnt einander so anerkennen, wie ihr seid.

Bedanke dich bei allen Mitwirkenden. Umrundet gemeinsam die liegende Acht, bestaunt und begutachtet eure Installation noch gebührend, und lasst dann euer Werk der Toleranz für die Erde und alle auf ihr beheimateten Wesen in der Natur zurück. Die Energie eurer Gemeinschaftsarbeit verströmt sich in die Erde, geht in die Leylines über und auch in das unmittelbare Umfeld. Die energetische Installation ist nicht nur zum Wohl und zur Übung für dich und alle Beteiligten gedacht, sondern sie bewirkt auch eine positive Veränderung für den Ort, an dem sie errichtet wurde. Besuche während der nächsten Tage immer wieder diesen Ort, und lasse deinen Gedanken die Möglichkeit, sich neu zu sortieren. Nimm die sich verändernde Energie des Platzes, auf dem die Lemniskate ihre balancierende Kraft verströmt, immer wieder aufs Neue wahr.

Die **ENTWICKLUNG** der bedingungslosen **LIEBE**

Die Liebe ist die größte Kraft im gesamten Universum. Auf deiner Lichtkörperreise ist es unerlässlich, dass du diese Energie entwickelst. Ohne die bedingungslose Liebe ist es nicht möglich, in die volle Kraft zu kommen und die Macht zu leben.
Es fällt dir bestimmt nicht sehr schwer, Menschen, Tiere und Situationen zu lieben, die dein Herz erfreuen. Schwieriger ist es schon, wenn du jemanden durch die Augen der Liebe betrachten sollst, der so gar nicht deinem Ideal eines liebenswerten Menschen entspricht. Wertfrei das Göttliche in jedem Lebewesen zu erkennen und es zu lieben, das ist die hohe Kunst der bedingungslosen Liebe.

Bedingungslos lieben heißt jedoch nicht, zu allem und jedem Ja zu sagen und mit allen Handlungen und Begebenheiten im Leben einverstanden zu sein. Wenn du in der Energie der bedingungslosen Liebe lebst, solltest du nicht deinen Verstand ausschalten. Du musst dich auch nicht an alles anpassen. Ein liebevolles NEIN ist manchmal stärker verbunden mit der Energie der Liebe als ein zähneknirschendes JA.
Es macht einen großen Unterschied, in welcher Energie du durch dein Leben gehst und wie du Nein sagst zu Situationen oder Menschen, die deiner Auffassung von einem lichtvollen Leben nicht entsprechen. Ohne Liebe wird es vielleicht einfach kritiksüchtig und bewertend sein, in der Kraft der Liebe ist es jedoch ein einfaches und wertfreies Nein.

Du lebst in einer Welt der Dualität. Je mehr du das Licht in Form aller lichtvollen Energien und Eigenschaften stärkst und in dein tägliches Leben integrierst, desto schärfer werden auch die Schatten um dich herum werden. So wie in der Mittagssonne, wenn das Licht am hellsten ist, sind auch die Schatten dann am dunkelsten und am besten sichtbar.
Wenn du dir dessen bewusst bist, kannst du allen Spielen der Schatten mit einem Lächeln begegnen und ihnen einen angemessenen Platz geben. Schatten existieren genauso wie Licht, es ist allein deine Entscheidung, worauf du deinen Fokus lenkst, denn diese Energie wird in deinem Leben stärker wirksam sein. In einem Raum, in dem die Liebe existiert, gibt es keinen Platz für Ängste und Schatten. Je tiefer du in die Magie der Liebe eintauchst, desto gefestigter und stabiler wirst du in deiner Lichtenergie verweilen, gleichgültig, welchen Stürmen du ausgesetzt bist.
Beginne damit, dich um dein Leben und deine Lebensumstände zu kümmern, anstatt auf andere zu schauen. Zufriedenheit, Dankbarkeit, Toleranz, friedliche Kommunikation, positive Gedanken, Freiheit, Flexibilität, die Kunst der Vergebung, Freundlichkeit, ein gesunder Selbstwert und Authentizität führen dich zur bedingungslosen Selbstliebe, die dich dann weiterbringt zur bedingungslosen Liebe für alles Lebendige.

ÜBUNG: Verbindung in tiefer, göttlicher Liebe

Wähle einen Menschen oder ein Tier, mit dem du dich gar nicht wohlfühlst und bei dem du weit davon entfernt bist, es zu lieben. Verbinde dich täglich für einige Augenblicke mit der Kraft der göttlichen Liebe. Stelle dir vor, wie hoch über dir ein Kelch mit pastellrosafarbenem Licht gefüllt ist. Dieses Licht fließt langsam zu dir herunter, es strömt durch dein Kronenchakra in dich herein, dann von deinem Kopf abwärts durch jede einzelne Zelle, sodass du nach kurzer Zeit vollkommen von der Energie der Liebe erfüllt bist. Die Energie strömt weiter von oben herein und auch aus dir hinaus. Wie bei einem übervollen Kelch fließt die Liebe aus deinen Händen hinaus, und alles, was du berührst, wird erfüllt von dieser Liebe. Auch aus deinen Fußsohlen fließt die Liebe hinein in die Erde, und jeder Schritt, den du gehst, ist angereichert mit der Energie der bedingungslosen Liebe. Stelle dir vor, dass du mit jedem Schritt rosa Lichtpunkte hinterlässt. So sind alle deine Wege von der Kraft der Liebe gezeichnet.

Die Energie der Liebe leuchtet aber auch aus deinen Augen, und alles und jeder, auf den dein Blick fällt, wird von der Liebe berührt. Dein Atem wird angereichert mit der Energie der Liebe, und so ist auch jeder Atemzug ein Ausdruck deiner Liebe. Auch über deine Haut wird die Liebe nach außen transportiert, und deine Aura erstrahlt weit hinaus in der Lichtenergie der Liebe. Stelle dir vor, dass dieser Strom der bedingungslosen Liebe niemals endet, immer weiter fließt die Energie aus dem Kelch über dir zu dir herunter. Je bewusster du diese Liebe strömen lässt, desto stärker und beständiger wird sie in deinem täglichen Leben präsent werden.

Du hast nun die Möglichkeit, diese Liebe aus deinem Herzzentrum zu dem Menschen oder dem Tier, das du nicht so sehr magst, hinfließen zu lassen. Tue dies so lange, wie es für dich gut ist. Es nimmt dir nichts weg, denn du wirst stets aus der Quelle mit dem pastellrosafarbenen Licht genährt. Stelle dir einen rosafarbenen Strom von Herz zu Herz vor. Habe keine Erwartung oder Forderung, biete einfach nur die Energie der bedingungslosen Liebe an. Sage dazu: »Die Energie der bedingungslosen Liebe, die ich dir anbiete, ist frei, und sie kommt aus der höchsten, lichten Quelle durch mich zu dir. Du kannst so viel davon nehmen, wie gut für dich ist. Möge der Strom der Liebe zum Wohl aller Lebewesen sein, die an dieser Situation beteiligt sind, und auch zu meinem höchsten Wohl.« Nach einer gewissen Zeit kannst du die Energie wieder zu dir zurückholen und die Verbindung durch eine leichte Handbewegung trennen, dabei führst du deine Handfläche von der Höhe des Halschakras bis hinunter zum Solarplexuschakra in ca. fünf Zentimeter Abstand über dein Herzzentrum hinweg, so, als würdest du unsichtbare Schnüre mit deiner Handfläche durchtrennen.

Beobachte ganz neutral, was sich verändert, wenn du diese Übung etwa drei Wochen lang täglich machst. Du hast immer und zu jeder Zeit die Möglichkeit, diese Übung mit jedem Lebewesen durchzuführen. Denke aber daran, die Verbindung zwischen dir und dem anderen auch wirklich wieder zu trennen. Es ist auch sehr schön und nährend, wenn du diese Übung mit deinen Herzensmenschen machst, um eure Liebe noch zu verstärken.

Wenn du dich zum Licht und zur Liebe hin orientierst, bist du stark. Heitere Gelassenheit hilft dir dabei, dein Licht der bedingungslosen Liebe zu verbreiten. Das Leben sowie alle Beteiligten im Spiel des Lebens sind vielfältig, bunt, abwechslungsreich und jeder auf seine Art einzigartig.

FREIHEIT beflügelt dein Leben

Sei dir dessen bewusst, dass du immer frei und unabhängig sein kannst. Alle Verbindungen in deinem Leben sind auch von dir bis zu einem gewissen Grad gewollt, sonst würdest du dich nicht in diesen Situationen befinden. Erinnere dich an deine Kraft und an dein Recht, dich frei zu bewegen. Du hast dich nicht umsonst in einem Land inkarniert, in dem du in Freiheit leben kannst.

Wenn du dich eingesperrt und begrenzt fühlst, erkenne, dass du einen Großteil der Verantwortung dafür trägst und es hauptsächlich an dir liegt, dich aus der Enge und dem Gefühl des Eingesperrtseins zu befreien. Verändere deine Gedanken und deine Emotionen, und beginne, zu handeln. Suche nach den Möglichkeiten und Situationen, in denen du frei sein kannst, und baue diese vermehrt in deinen Alltag ein. Nicht immer können alle begrenzenden Lebensumstände sofort und vollkommen verändert werden – das ist es auch nicht, was ich dir empfehlen würde –, aber suche nach kleinen Freiheiten, die deine aktuelle Lebenssituation auf jeden Fall freier machen.

Jeder Mensch, so auch du, hat ein individuelles Bedürfnis nach Freiheit. Was dem einen wundervoll und frei ist, ist dem anderen bereits zu eng, und er fühlt sich eingeschränkt. Finde heraus, wie viel Freiheit du benötigst, um deine Flügel ausbreiten und dein Leben genießen zu können. Gestehe auch deinen liebsten dich umgebenden Menschen ihr persönliches Maß an Freiheit zu. So, wie du deine Freiräume in Anspruch nehmen möchtest, sehnen auch sie sich vielleicht danach. Erinnere dich an dieser Stelle daran, was du bereits über die Toleranz gelesen hast und dass du sie vielleicht auch schon übst.

Die Energie der Freiheit ist eine sehr wichtige Station auf deiner Lichtkörperreise, denn Freiheit beflügelt, öffnet für Kreativität und lässt Raum für Individualität. Wertschätze die expandierende Energie der Freiheit, und räume ihr in deinem Leben einen entsprechenden Stellenwert ein. Der erbittertste Gegner der Freiheit ist die Kontrolle. Wie viel Kontrolle bestimmt dein Leben? Finde heraus, wie oft du die Kontrolle vor die Hingabe an das Leben stellst und auf diese Weise deine unbeschwerte Freiheit einschränkst oder sogar unmöglich machst.

Du willst frei sein? Dann überdenke deine Kontrollmechanismen, und lockere sie nach und nach, denn das fördert deine Lichtkörperentwicklung ganz erheblich. Halte einfach einmal inne im täglichen Strom der Herausforderungen, mache eine kurze Pause, und nimm deine Ist-Situation bewusst wahr.
Aus diesem Innehalten heraus kannst du dann neue Ideen für deine Befreiung und das Lebensgefühl der Freiheit entwickeln. Manchmal sind es nur Kleinigkeiten, die es in deinem aktuellen Tagesablauf zu verändern gilt, etwas mehr Ordnung oder ein angepasstes Zeitmanagement, und schon kannst du dir die gewünschten Freiräume verschaffen, wieder frei atmen und dich bewegen, deine Flügel ausbreiten und fliegen.

ÜBUNG: Atme Ruhe und Frieden in dich

Vielleicht benötigt dein Leben in dieser hektischen Zeit einfach nur ein wenig Entschleunigung. Wenn du dich getrieben und eingeengt fühlst, halte für einen Moment inne, und konzentriere dich auf deinen Atem. Fühle, wie die Luft in dich hereinströmt und wieder aus dir hinausfließt. Mit jedem Ausatmen hast du die Möglichkeit, alles, was dich belastet oder einengt, aus dir hinauszuatmen. Stelle dir vor, wie dadurch in dir ein freier Raum der Ruhe entsteht. Nach einigen Atemzügen kannst du die Energie des Friedens in dich einladen und visualisieren, wie sich mit jedem Einatmen Frieden in dir ausdehnt.

Lenke dann deine Aufmerksamkeit in deine Mitte, ungefähr auf die Höhe deines Bauchnabels, und stelle dir vor, wie an diesem Ort ein goldenes Licht leuchtet. Dieses Licht enthält all deine Talente und Fähigkeiten, den gesamten Schatz, den du dir in dieses Leben mitgebracht hast. Verbinde dich mit der Fülle und der Weisheit in dir, und spüre, wie durch die Erkenntnis, dass du immer in deinem Frieden sein und dich immer mit deiner höchsten Weisheit in dir verbinden kannst, das Gefühl von Freiheit langsam durch dich strömt. Wie eine warme Brise fließt die Freiheit durch deine Zellen hindurch und aus dir hinaus in deine Energiefelder.

Durch die Verbindung mit deiner goldenen Mitte bist du in deiner Balance und stärkst gleichzeitig dein Selbstbewusstsein. Dadurch bist du frei, das zu tun, was du gern tun möchtest. Durch das Innehalten und deine Bewusstheit setzt du eine energetische Aufwärtsbewegung in Gang –

du verspürst wieder mehr Kraft, Mut und Lebensfreude, fühlst dich befreiter und erschaffst dir Raum für die Energie von Glück.

Diese Übung dauert nur wenige Minuten, bringt dir aber einen hohen Gewinn, denn du wirst bemerken, wie du danach deine Tätigkeiten schneller und voller Freude verrichtest, weil du den Frieden tief in dir spürst und erkannt hast, dass es immer in deiner Entscheidung liegt, frei zu sein. Für die Entwicklung deines Lichtkörpers ist es wichtig, dass du lernst, deine Entscheidungskraft anzuerkennen und auch einzusetzen. Stelle dich mit weit ausgebreiteten Armen hin, und sage laut zu dir selbst: »Ich bin frei, und mit jedem Atemzug lebe ich diese Freiheit immer mehr.«

MITGEFÜHL für dich und für alle Wesen

Wenn wir unser Leben auf diesem Planeten in eine lichtvollere Ära führen möchten, wenn wir eine neue Gemeinschaft des Friedens und der gelebten bedingungslosen Liebe erschaffen wollen, dann ist die Energie des gelebten Mitgefühls einer der wichtigsten Punkte für Veränderungen.

Leider ist es heute nicht mehr en vogue, Mitgefühl für sich selbst oder für andere zu haben oder dieses gar öffentlich zu zeigen. Unsere westliche Welt hat sich zu einer reinen Leistungsgesellschaft entwickelt, in der Mitgefühl keinen hohen Stellenwert besitzt. Wir werden dazu erzogen, zu funktionieren, immer Höchstleistung zu erbringen, die Besten zu sein und Leistung über unsere persönlichen Bedürfnisse zu stellen, immer höher, schneller, weiter – immer mehr und noch mehr.

Da ist es nicht verwunderlich, dass wir sehr roh, vielleicht sogar manchmal brutal mit uns selbst und unserer wahren menschlichen Essenz umgehen und unser Lichtkörper nicht sehr gut ausgebildet ist. Wir haben es einfach nicht gelernt, liebevoll und mitfühlend zu uns selbst zu sein, und deshalb fällt es uns bei anderen nicht ein, ihnen Mitgefühl zufließen zu lassen – nicht, weil wir keines haben, sondern weil wir einfach vergessen haben, unser Mitgefühl lebendig und aktiv zu halten.

Mitgefühl ist in allen Weltreligionen ein essenzieller Bestandteil der Herzensbildung und der spirituellen Entwicklung. Ich bitte dich also, darüber nachzudenken, wie mitfühlend du mit dir selbst bist und auch wie viel oder wie wenig Mitgefühl du deinen Mitmenschen entgegenbringst.

Das Entwickeln von Mitgefühl für mich selbst war eine meiner größten Herausforderungen auf meiner Lichtkörperreise, denn ich wurde zu großer Disziplin und sehr leistungsorientiert erzogen. Es war mir sehr vertraut, weit über meine Grenzen des Erträglichen hinauszugehen, und ich dachte immer, dass ich mit meinen Mitmenschen sehr mitfühlend bin. Als ich mich wirklich auf die Reise zu meinem persönlichen Mitgefühl begab, stellte ich mit Erschrecken fest, dass ich von anderen genauso viel Leistung erwartete wie von mir selbst. Also begann ich, danach zu suchen, wie ich mehr Mitgefühl für mich selbst entwickeln konnte. Meine Lichtkörperreise führte mich zu einem der weisesten Lamas, denen ich in meinem Leben begegnet bin. Der Buddhismus ist die spirituelle Quelle des Mitgefühls schlechthin, und der Lama nahm mich als Schülerin an und zeigte mir, wie einfach es ist, mit sich selbst und allen Wesen mitfühlend zu sein.

Wenn wir die Strenge, den Leistungsstress, die Besserwisserei, die Überheblichkeit, die innere Starre, den sinnlosen Stolz und all unsere destruktiven Erziehungsmuster und Versagensängste loslassen und unser Herz für uns selbst und unsere wahren Bedürfnisse öffnen, können wir beginnen, mitfühlend zu leben. Die schrittweise Entwicklung meines Selbstmitgefühls hat mein Leben grundlegend verändert, nicht so sehr im Außen, aber umso tiefer in meinem Inneren.
Du musst nicht gleich einen buddhistischen Mönch für die Entwicklung deines gelebten Mitgefühls aufsuchen, aber eine ehrliche Innenschau und entsprechende Veränderungen sind ein erster Schritt. Stelle dir folgende Fragen: Wie mitfühlend bin ich mit mir? Wie oft gehe ich weit über meine Grenzen? Wie eng ist meine Toleranz mir selbst gegenüber? Wie oft stelle ich meinen Kopf über mein Herz? Wie wirken sich mein disziplinierter Umgang und der hohe Leistungsanspruch, den ich an mich selbst habe, auf meine Gedanken und Gefühle gegenüber meinen Mitmenschen aus?

Schreibe den Ist-Zustand auf, und mache kleine Schritte der Veränderung. Wenn du dein Verhalten dir selbst gegenüber wandelst, verändert sich dein Umgang mit allen anderen automatisch auch. Für diese kleinen Schritte möchte ich dir ein paar Beispiele mit auf deinen Weg geben:

- Räume dir einmal am Tag eine Pause ein, und tue in dieser Zeit ausschließlich das, was dir guttut.
- Gehe zu Bett, wenn du müde bist, gleichgültig, wie früh oder spät am Abend es auch sein mag.
- Gestatte es dir, Nein zu anderen und Ja zu dir selbst zu sagen.

- Entschleunige dein Leben sowohl in deiner Arbeit als auch zu Hause.
- Verzichte auf einige Freizeitaktivitäten, um mehr Zeit für das zu haben, was dir wirklich Spaß macht.
- Gestatte dir, Fehler zu machen, denn das ist menschlich. Nur, wer nichts tut, macht keine Fehler.
- Ersetze innerliche negative Dialoge, die dich selbst betreffen, durch positive.
- Lache mindestens einmal am Tag.
- Lobe dich wenigstens einmal pro Tag, denn du machst vieles ganz wunderbar und großartig.
- Halte täglich für einige Minuten inne, und sprich einige Worte der Dankbarkeit für deine Einzigartigkeit zu dir, zu den Engeln, zu deinem Schöpfer.
- Übe Nachsichtigkeit mit dir, indem du aufhörst, perfekt sein zu müssen. Perfektion ist eine Illusion, du wirst niemals so perfekt sein, wie du es gern von dir hättest, also entspanne dich, und erkenne deine Unperfektheit an. Übe dies jeden Tag. Sobald ein Perfektionsgedanke auftaucht und du merkst, wie du deinen Kiefer und deinen ganzen Körper anspannst, atme ruhig dreimal tief durch, lächle dir zu, und fahre erst dann mit deiner Tätigkeit fort.

Alle neuen Verhaltensweisen solltest du immer mindestens drei Wochen lang aktiv und sehr bewusst üben, erst nach dieser Zeit haben sie sich in deinem Energiefeld etabliert und stehen dir von nun an zur Verfügung.

Überdenke immer wieder, ob du eine Leistung, die du dir selbst auferlegst, auch wirklich erbringen willst oder ob du nicht Mitgefühl für dich haben möchtest und deine Zeit lieber für Spaß, Freude, Leichtigkeit, Kreativität, Lachen, Freiheit … nutzen willst. Die Entwicklung von gelebtem Mitgefühl wie auch deine gesamte Lichtkörperentwicklung soll dir Freude machen. Dein Herz soll weit und von Licht erfüllt sein, damit du dein Leben genießen kannst. Mehr Mitgefühl für dich und deine Bedürfnisse öffnet den Raum genau dafür. Dann wirst du auch liebevoller und mitfühlender mit allen deinen Mitmenschen und letztlich mit allen Lebewesen sein. Ein voll entwickeltes Mitgefühl lässt dich auf deiner Lichtkörperreise einen sehr großen Schritt in Richtung Erleuchtung gehen.

ÜBUNG: Kurzurlaub für deine Seele

Nimm dir an zwei Arbeitstagen in der Woche jeweils eine ganze Stunde nur für dich Zeit. Tue in dieser Zeit nur das, was dir Spaß macht, was dein Herz erfreut, und lasse dich durch nichts und niemanden davon abhalten. Kein Anruf ist wichtiger als du, keine noch so dringende Anfrage muss in dieser Zeit beantwortet werden. Unternimm in deiner Auszeit mitten im geschäftigen Alltag ausschließlich das, was dich wirklich erfreut – sei es einen Artikel lesen, still einen Tee trinken, ein kleiner Spaziergang, einfach tagträumen, Sport … Es sind deine Stunden, in denen du aus der Tretmühle der Verpflichtungen, der disziplinierten Verrichtung aller Anforderungen, aus der Hektik des Geschäftslebens und aus dem für dich schon ganz normalen Terminstress für einen kleinen Kurzurlaub für deine Seele aussteigst.

Nimm dir diese Freiheit immer an den gleichen Tagen und am besten zu der gleichen Zeit. Wenn du es dir wirklich vornimmst, dann geht das auch.

Vielleicht bemerkst du zuerst, dass dir nichts einfällt, was du tun möchtest oder könntest. Vielleicht kommt es dir wie Zeitverschwendung vor, oder du fühlst dich komisch dabei. Aber je unwohler du dich fühlst, desto wichtiger ist, dass du dranbleibst, denn dein Gefühl zeigt dir an, wie weit du davon entfernt bist, mitfühlend mit dir zu sein. Bei dir kommt Pflichterfüllung vor Selbstmitgefühl und Selbstliebe. Je länger du dir konsequent deine kleinen Auszeiten gönnst, desto besser wird es dir gehen. Du lernst, wieder auf dich, deine Gefühle, deinen Körper und deinen ganz persönlichen Rhythmus zu achten, und stellst dich und dein Wohlbefinden in den Fokus. Lasse dich durch nichts und niemanden, auch nicht durch dich selbst, davon abbringen, diese zwei Stunden pro Woche nur dir und deiner spirituellen Entwicklung hin zu mehr Mitgefühl zu widmen. Nimm dir deine Kurzurlaube mindestens zwei Monate lang, danach entscheidest du, wie es weitergeht. Vielleicht willst du deine Auszeiten ja sogar auf eine tägliche Freiheitsstunde ausdehnen.

Diese Übung zieht eine sehr tiefgehende Transformation deiner Verhaltensweise dir selbst gegenüber nach sich. Deshalb bitte ich dich, sie auszuprobieren. Zeit, die du nur für dich verwendest, ist manchmal auch sehr herausfordernd, weil du dich mit dir selbst und deinen Bedürfnissen beschäftigen musst und das vielleicht von deinem Ego gar nicht so erwünscht ist. Mit der Zeit vertieft sich dein Zugang zu deiner inneren Weisheit und zu deinem unendlichen

Mitgefühl für dich und alle Wesen. Dein Ego ist die Schranke, die diesen blockiert, deshalb wird es vielleicht bei dieser Übung vehement rebellieren. Sei also darauf vorbereitet, dass du alle möglichen Ausreden in dir finden wirst, warum es auf gar keinen Fall geht, dass du dir inmitten des täglichen Lebensablaufs eine ganze Stunde nur für dich nimmst. Eine Stunde, in der du auf gar keinen Fall irgendwelchen Verpflichtungen nachkommst, sondern nur die Seele baumeln lässt.

VERGEBUNG befreit dein GLÜCKSPOTENZIAL

Was auch immer in diesem Leben geschehen ist, was andere dir angetan haben oder was du anderen angetan hast, erinnere dich daran, dass es bereits passiert ist. Du kannst deine Vergangenheit nicht ungeschehen machen, sie ist, wie sie ist. Was du aber tun kannst, ist, deine Vergangenheit neu zu betrachten und anders mit den Ereignissen umzugehen. An alten Begebenheiten, seelischen und emotionalen Verletzungen, Streitigkeiten, Ungerechtigkeiten, Missgunst, Neid, Hass, Wut, Zorn und allen anderen Schattenenergien festzuhalten, sie immer wieder durch Erzählungen aus den Tiefen auferstehen zu lassen, das macht dich nur unglücklich, bindet extrem viel Energie und lässt dich nicht im Hier und Jetzt sein.

Auf deiner Lichtkörperreise ist es dir dienlich, wenn du die Vergangenheit endlich auch vergangen sein lässt. Betrachte deinen bisherigen Weg als Schulung – er hat dich genau zu diesem Moment in diesem Leben geführt. Ohne all die Ereignisse wärst du heute ein anderer und vermutlich auch woanders. Mache eine Bestandsaufnahme: Was fällt dir schwer, zu verzeihen, sowohl anderen als auch dir selbst? Wo bleiben dein Ego und dein Kopf immer wieder hängen und spulen die alten Verletzungen wie in einer Endlosschleife ab? Was genau kannst du nicht vergeben, weder dir selbst noch deinen Mitspielern im Leben?
Erkenne, wie sinnlos und destruktiv es ist, immer wieder das Vergangene verändern zu wollen. Es ist, wie es ist, und daran

lässt sich nichts, aber auch gar nichts ändern. Lasse also alles, was du deiner Meinung nach bisher nicht vergeben konntest, noch ein letztes Mal Revue passieren. Bedanke dich bei den beteiligten Personen für den wunderbaren Unterricht, den du erhalten hast, denn du konntest bestimmt sehr viel daraus lernen. Erkenne ihre Rolle an, die sie in diesem Spiel des Erwachens und der Entwicklung eingenommen haben, und entlasse dann alle negativen Emotionen dazu endgültig aus deinem System. Es genügt, wenn du ausatmest und dir vorstellst, wie die Energien aus dir hinausströmen und wie mit jedem Einatmen frische und lichtvolle Energie dein Innerstes auffüllt. Das klingt ganz leicht und ist es auch.

Bei der heilsamen Energie der Vergebung und Selbstvergebung geht es einzig und allein darum, dass du das Alte und Verletzende in der Vergangenheit lassen willst. Es ist eine bewusste Entscheidung, die du für dich und dein weiteres Leben triffst. Lasse das Vergangene endlich ruhen, dadurch kommst du im Hier und Jetzt an und kannst neue Pläne für die Zukunft schmieden. Je öfter du die Kunst der Vergebung und der Selbstvergebung übst, desto leichter wird es dir fallen.
Es geht beim Vergeben nicht nur um die großen vergangenen Ereignisse, sondern auch um die vielen Kleinigkeiten, die täglich geschehen und die du dir und deinen Mitmenschen nicht so leicht vergeben kannst. Du bleibst im Gedankenkarussell und in emotionalen Anspannungen hängen und fühlst dich unglücklich.
Strebe eine innere Haltung der heiteren Gelassenheit an. Alle großen Weisen haben dies geübt und bis zur Vollkommenheit entwickelt. Glaube mir, dass du nicht heiter und gelassen sein

kannst und gleichzeitig beleidigt, böse, uneinsichtig, starr, wütend oder beurteilend bist. Je mehr du in die Selbstvergebung findest, desto einfacher fallen dir Toleranz, Mitgefühl und bedingungslose Liebe, die eine wichtige Rolle bei der Vergebung und allgemein auf deiner spirituellen Reise spielen.

Auch bei dieser lichtvollen Eigenschaft geht es wieder um einen Weg, den du beschreitest, eine Entwicklung, die du durchläufst, um Kontinuität und nicht um Perfektionismus. Es mag sein, dass du immer wieder ähnliche »Fehler« machst, aber vergib sie dir immer wieder, und nimm dir vor, achtsamer, aufmerksamer, toleranter, liebevoller, mitfühlender und friedlicher zu sein. Wie auch ich bist du ein Übender und noch lange kein Meister, aber jede einzelne Vergebung und Selbstvergebung bringt dich deinem heiligen Ziel des vollkommenen Erwachtseins näher. Vergib dir selbst, damit du allen anderen vergeben kannst, und befreie dadurch dein Leben von anhaftenden, alten Energien. Dein Glück geht Hand in Hand mit deiner Befreiung aus diesen vergangenen Ereignissen. Erziehe dein Ego, und zügle deinen falschen Stolz, denn sie sind es letztlich, die dich daran hindern, in die befreiende Energie der Vergebung zu kommen. Das Vergangene darf vergangen sein, damit du die volle Kraft für die Gegenwart leben und neue Samen für eine befreite und glückliche Zukunft in deine Lebenserde säen kannst. Du musst nichts von dem, was auf deinem Lebensweg geschehen ist, vergessen, aber es ist wichtig, Lehren daraus zu ziehen und es neutral zu betrachten.

Deine Vergangenheit hat dich zu dem gemacht,
was du heute bist. Betrachte dich aus den
neutralen Augen der Dankbarkeit für
alle Übungen und Schulungen, die du
in deinem Leben erfahren hast.

Gelebte AUTHENTIZITÄT

Hebe dich über deine anerzogenen Muster und Konditionierungen hinweg, und werde du selbst. Finde dich, und erwache zu deinem wahren Ich. Von dem Moment unserer Geburt an werden wir erzogen. Wir werden in verschiedene Richtungen geschoben und meist von unserer wahren Identität wegerzogen. Wir alle durchlaufen ein Programm, in dem wir darüber informiert werden, wer wir sind und wie wir uns zu verhalten haben. Je nach Kultur und gesellschaftlichen Werten unserer Eltern verläuft unsere Erziehung mehr oder weniger intensiv.

In unserer westlichen Welt erfahren wir eine Erziehung, die hauptsächlich unsere kognitive Leistungsfähigkeit trainiert, unsere Emotionen werden dabei nicht hoch geschätzt. Es zählen hauptsächlich Leistung und Funktion. Wir werden also dazu angehalten, möglichst gebildet, stark, erfolgreich, egoistisch, bewertend … zu sein.
Bitte verstehe mich nicht falsch, ich halte eine kognitive Bildung für außerordentlich wichtig, aber eine emotionale Bildung ist eben auch unerlässlich, und an dieser Stelle schwächeln unsere Ausbildungssysteme und unsere Erziehungsansätze leider sehr. Es ist ja auch verständlich, denn wenn unsere westliche Welt von Erfolg in allen Richtungen, von größer, schöner und mehr, geprägt ist, fällt es sehr schwer, den Fokus nicht nur auf Äußerlichkeiten zu richten. Jeder Mensch will für seine Kinder das Beste, und in unserer Welt heißt das eben, leistungsstark und erfolgreich zu sein. Der äußere Schein steht vor den inneren Werten.

Auch du hast dieses Erziehungsprogramm durchlaufen und hast dich bis heute mehr oder weniger davon erholt und daraus befreit. Jetzt, auf dem Weg deiner Lichtkörperentwicklung, geht es darum, dass du herausfindest, wer du tatsächlich bist, und dass du beginnst, deine ganz individuelle Essenz zu achten, zu ehren und zu leben.

Immer, wenn ich die Fragen aus der Übung in Seminaren oder Einzelcoachings stelle, ernte ich im ersten Moment erstaunte, ja, manchmal sogar hilflose Blicke. Es lohnt sich sehr für dich, dir immer wieder diese Fragen zu stellen und dir die Antworten, die nur tief in deinem Innersten entstehen können, immer wieder vor Augen zu führen.

Öffne all deine Sinne für das Abenteuer Leben ohne Einschränkungen. Es bedarf natürlich ein wenig Mut, Geduld und auch Zeit, dich ganz und gar auf dich selbst einzulassen und deine ureigene Essenz zu entdecken, sie zu entwickeln und letztlich zu leben. Sei geduldig mit dir, und verstehe, dass du über viele Jahre, ja, bis heute in einem anderen System gelebt hast und nun ganz langsam deine Lösung aus den starren Erziehungsformen deiner Vergangenheit stattfindet. Authentisch leben heißt, sich zuerst selbst zu definieren.

ÜBUNG: Erkenne dein wahres Ich

Nimm ein schönes Schreibheft zur Hand, notiere die folgenden Fragen, und beantworte eine nach der anderen schriftlich. Verbinde dich dafür tief mit dem Gold in dir, deinem Weisheitsschatz. Es liegt knapp über deinem Bauchnabel und an dieser Stelle ein klein wenig innerhalb deines Körpers. Antworte nicht aus deinem Kopf heraus, sondern aus deinem Bauch:

- Wer bin ich?
- Was macht mich aus, was ist meine Essenz?
- Was will ich in meinem Leben?
- Was macht mich glücklich?
- Warum bin ich hier auf der Erde?
- Mit wem will ich meine Wege gemeinsam gehen?
- Was ist mein spiritueller Auftrag?
- Wie will ich mein Leben leben?
- Was ist für mich essenziell und besonders wichtig in meinem Lebensalltag?

Finde heraus, wer du in Wahrheit bist, wer hinter all den Erziehungsprogrammen, hinter all den Mustern und anerzogenen Verhaltensweisen tatsächlich in deinem Körper wohnt. Was ist die Essenz deiner Seele, und wer bist du, wenn du all die Rollen, die du dir selbst auferlegt hast, beiseitelegst? Was glaubst du über dich? Was denkst du, wie dich andere sehen und was sie über dich glauben? Entspricht dir das tatsächlich? Folgst du einem Selbstbild, das andere von dir entworfen haben, oder folgst du deinen

innersten Bedürfnissen, deinen Talenten, deinen Fähigkeiten? Lebst du authentisch?
Sei an dieser Stelle ganz ehrlich mit dir, und erfinde dich nicht neu, sondern komme endlich bei dir selbst an. Ehre dich nach deiner Innenschau, und stelle deine wahre Persönlichkeit von nun an in den Vordergrund. Lasse eine um die andere angenommene Rolle los, und erschaffe deinen eigenen individuellen Lebensausdruck. Werde Schritt für Schritt ganz und gar DU, und spüre die prickelnde Energie der gelebten Lebensfreude. Vernimm den Jubel deiner Seele, die deine Befreiung aus den alten Zwängen und Mustern feiert.

FLEXIBILITÄT bringt neuen LEBENSFLUSS

Deine Entwicklung hin zu einem erwachten Sein und einem voll erstrahlten Lichtkörper erfordert die Eigenschaft der Flexibilität von dir. Dein stetes Voranschreiten hat als Folge, dass sich alte Muster und eingefahrene Verhaltensformen transformieren. Du wirst bemerken, wie sich viele eingefahrene Angewohnheiten wie von selbst auflösen, aber einige, tief sitzende Muster werden vielleicht etwas mehr Zeit benötigen, bis sie sich verändern lassen. Die Energie der Flexibilität ist dir sehr hilfreich, wenn es darum geht, Neues anzunehmen und zu integrieren. Es ist aber wichtig, dass du Flexibilität nicht mit Sprunghaftigkeit verwechselst. Flexibilität ist neben Ausdauer, Verbindlichkeit und allen anderen lichtvollen Energien, die du übst oder bereits integriert hast, ebenso wichtig.

So, wie für deinen physischen Körper Geschmeidigkeit und eine gute Dehnbarkeit für mehr Beweglichkeit sorgen, sollten auch dein Geist und dein Denken offen, neugierig und ständig bereit für Veränderung sein. Ein großer Gegenspieler der Flexibilität ist die Angst vor Veränderung, und diese Angst hält dich meist davon ab, neuen Erfahrungen Raum zu geben. Beginne damit, auf die Flexibilität deines Körpers zu achten, mache Qi Gong oder Yoga. Dehne, strecke, ja, fordere deinen Körper auf, wieder flexibler zu werden. Achte darauf, wie es dir damit geht und was durch die neu gewonnene Beweglichkeit deines physischen Körpers mit deinem Geist, deinen Emotionen und deinen Handlungen geschieht. Wie sich dein Körper durch die leichten Übungen wieder neu aus- und aufrichtet, so zieht diese Veränderung auch nach sich, dass sich dein Lichtkörper wieder ausdehnt und gestärkt wird.

Beweglichkeit in deinem Denken, in deinen Emotionen und in deinen Handlungen bringt dir viele neue positive Erfahrungen und belebt dein Leben. Mache dir selbst das Geschenk der Flexibilität, und durchlichte alte, starre Muster. Nimm dir jeden Morgen vor, ganz bewusst flexibler auf die Herausforderungen deines Lebens einzugehen. Befreie dich von alten Antworten und Handlungen, und probiere Neues aus. Gehe oder fahre einen neuen Weg zu deiner Arbeit, sprich mit Arbeitskollegen, die du bisher eher übersehen hast, besuche ein neues Café oder Restaurant, um deine Pause dort zu verbringen. Schenke dir etwas, was du schon lange haben willst, rufe eine Freundin an, bei der du dich schon länger nicht gemeldet hast, verabrede dich ganz spontan … Sei erfinderisch, spielerisch und kreativ – dadurch wird dein Leben reicher, bunter, lustvoller und lebendiger.

VERBINDLICHKEIT schenkt STABILITÄT und SICHERHEIT

Du bist in eine Zeit inkarniert, in der es uneingeschränkte Möglichkeiten gibt. Du kannst alles erlernen, was du willst. Wohin auch immer du gehen willst, es steht dir frei. Wen du auch treffen möchtest, was immer du dir kaufen willst, wo du wohnen und wie du dich einrichten willst, welche Kleidung du bevorzugst, wie du deine Haar trägst, welche Bücher du liest, welche Seminare du besuchst – stets wird dir suggeriert, dass du dich nicht nur auf eins beschränken musst, sondern dass du alles haben kannst.
Doch das führt leider häufig dazu, dass wir nicht mehr sehr entscheidungsfreudig sind. Anstatt das eine oder das andere zu wählen, gibt es für uns nur noch das Sowohl-als-auch, und das führt uns in allen Bereichen zu einem Überkonsum und letztlich in die klassische Wegwerfgesellschaft, in der nichts mehr eine wirkliche Bedeutung hat. Besonders schmerzlich wirkt sich diese Einstellung in der immer stärker um sich greifenden Unverbindlichkeit in zwischenmenschlichen Beziehungen aus. Wenn wir hier in die Gemeinschaft der Neuen Zeit wechseln wollen, liegt es an jedem Einzelnen von uns, dies zu verändern.

Auch in deiner Lichtkörperarbeit geht es darum, dass du dich wieder verbindlich zeigst und verpflichtest. Vielleicht betrifft dich dieses Thema nicht, und du kannst dich gut entscheiden und stehst immer zu hundert Prozent hinter deiner Entscheidung, sodass nichts und niemand dich davon abhalten kann.

Vielleicht aber ist genau diese Übung der Verbindlichkeit eine große Herausforderung für dich, weil du tief in dir Angst davor hast, dich vermeintlich falsch zu entscheiden und deshalb etwas Wichtiges zu versäumen.
Mir ist in den vergangenen Jahren aufgefallen, wie unverbindlich unsere Welt und unser Miteinander geworden sind. Es erschreckt mich manchmal, mit welcher Selbstverständlichkeit Termine jeglicher Art nicht eingehalten werden. Nimm dir etwas Zeit, und finde heraus, wie du mit Verbindlichkeiten umgehst. Wann und wo fällt es dir schwer, eine feste Zusage zu geben, und was hält dich davon ab? Beginne noch heute damit, dich im Entscheiden zu üben, und stehe zu deinem Wort. Du wirst bemerken, wie die lichte Energie der Verbindlichkeit dein Leben in eine sehr sichere Bahn lenkt und wie du dich wohler, stabiler und auch entspannter fühlst.

Genau das Gegenteil unserer Befürchtungen tritt ein, wenn wir wieder mehr auf unsere innere Stimme hören und Entscheidungen bewusst treffen. Wir verstehen dann tief in uns, dass wir durch unser Commitment, unsere Verbindlichkeit, nichts versäumen, sondern sehr viel gewinnen. Die Entwicklung deines Lichtkörpers kann nur dann voranschreiten, wenn du dich dafür entscheidest und dir selbst das Versprechen gibst, alles für dein Erwachen zu tun. Dieses Versprechen ist eine Verbindlichkeit mit dir selbst, und du drückst dadurch deine Bereitschaft aus, dich an dein Versprechen zu halten, egal, was in deinem Leben passiert. Dich für etwas zu entscheiden und verbindlich zu bleiben, ist eine innere lichte Haltung, die dich, aber auch unsere gesamte Gesellschaft dem goldenen Zeitalter des friedlichen und harmonischen Miteinanders wieder näher bringen kann.

Das Interessante ist, dass sich unser Leben entschleunigt, wenn wir wieder entscheidungsfreudiger werden und darauf vertrauen, dass unsere Entscheidungen immer genau richtig für uns sind. Innere Unruhe und Stress, das bekannte Gedankenkarussell und emotionale Überforderungen werden gemindert, und wir bekommen wieder viel mehr Zeit für das Wesentliche in unserem Leben.

Erkenne den größeren PLAN, der deinem LEBEN zugrunde liegt

Auf deiner Reise zu dir und deinem höchsten Potenzial bist du immer zur richtigen Zeit am richtigen Ort, und du tust auch immer genau das Richtige.

Das ist ein sehr einfacher Satz, der dir jedoch sehr viel Entspannung bringen kann, wenn du ihn wirklich verstehst. Er besagt, dass das, was auch immer du tust, zu diesem Zeitpunkt auf deiner Lebenslinie genau das Richtige ist. Es entspricht exakt deinem Verständnis und deinem Entwicklungsstatus. Daher ergibt es keinen Sinn, rückblickend zu sagen: »Ach, hätte ich doch nur …« oder »Wäre ich doch nur nicht …«. Was es auch war, was du getan, gesagt, gefühlt hast, es war genau richtig. Genauso wichtig ist es, dass du verstehst, dass dich deine Wege auch zukünftig genau dorthin leiten, wo es für dich richtig ist. Alle deine Entscheidungen werden das für dich beste Resultat auf deiner Entwicklungsreise bringen, und deshalb kannst du dich vollkommen entspannen und deinem Herzen folgen, denn es weist dir immer den richtigen Weg.

Deinem Leben liegt ein größerer Plan zugrunde – eine himmlische Blaupause, die du mit deinem Schöpfer vor deiner Inkarnation vereinbart hast. Deine Seele folgt diesem Plan, denn sie ist mit mehr Übersicht ausgestattet als dein Ego. Die Einflüsterungen deines Herzens folgen der Weisheit deiner Seele, und dadurch werden dir immer wieder einzelne Stationen deines persönlichen Lebensplans offenbart. Wenn du erkennst, dass du deinen besonderen Platz in dem größeren Plan nicht verfehlen kannst, weil er nämlich nur für dich reserviert ist und weil du die einzige Person bist, die diesen Platz einnehmen kann, dann ist es sehr viel leichter, der Stimme deines Herzens und den Eingebungen deiner weisen Seele zu folgen. Die Angst davor, etwas falsch zu machen, kannst du getrost loslassen und transformieren.

Wie ein unsichtbarer Faden führt dich der höhere Wille durch dein Leben und unterstützt dich dabei, deinem Lichtkörperauftrag nachzukommen.

Mache dich mit den Worten »DEIN WILLE GESCHEHE DURCH MICH« vertraut, und integriere diesen Satz ganz tief in dir, bis in jede einzelne deiner Zellen. Du bist ein Werkzeug des göttlichen Lichts, und als das bist du auf der Erde inkarniert. Du hast deine Talente, deine Fähigkeiten und dein Entwicklungspotenzial mitgebracht, um diesem Licht zu dienen. Die göttliche

Weisheit fließt durch dich und lässt dich deinen Platz im allumfassenden Bild der Schöpfung einnehmen. Öffne dich für die Magie der universellen Zusammenhänge, und folge deiner Intuition, deiner weisen Stimme, deiner Seele und deinem Herzen. Sie sind deine Wegweiser zu deiner Bestimmung. Dein Lichtkörper beinhaltet bereits deine vollkommene erwachte Persönlichkeit, durch die die höchste Lichtkraft der Schöpferquelle ihren weisen Willen auf der Erde vollbringen kann. Denke immer daran, dass es neben deinem persönlichen Lebensplan einen größeren, göttlichen Plan gibt und dass du ein Teil dessen bist.

Mit der Entfaltung deines Lichtkörpers und deinem Erwachen öffnet sich auch das Feld für das Erwachen der Gemeinschaft. Du bist ein Teil von einem großen Ganzen, und wenn du dich weiterentwickelst, gibst du aus deinem Mikrokosmos einen energetischen Impuls in das Feld des Makrokosmos. Jeder einzelne Mensch, der sich auf die spirituelle Reise zu sich selbst und zu seinem höchsten Potenzial begibt, jeder, der sich selbst transformiert und aus den Schatten ins Licht tritt, leistet aktive Lichtarbeit. Durch deine Lichtkörperaktivierung bringst du Veränderung und Erwachen für die globale Gemeinschaft aller Wesen auf die Erde. Verstehe also tief in dir, dass der göttliche Wille durch dich fließt, dass du immer zur richtigen Zeit am richtigen Ort bist und auch immer das Richtige tust, und folge deinem Weg der spirituellen Entwicklung mit Geduld, Ausdauer, Liebe, Toleranz, Mitgefühl, Frieden … Du bringst damit den Unterschied und trägst zur Balance und zur Durchlichtung der irdischen Gegebenheiten bei. Öffne dich für den größeren Willen, und lasse die lichtvolle Schöpferenergie, die direkt aus der Quelle zu dir fließt, durch dich wirken.

Ausdauer
unbedingt erwünscht

Was auch immer du in deinem Leben erfolgreich umsetzen möchtest, es erfordert immer Ausdauer. Doch an etwas dranzubleiben, das ist etwas, was wir in unserer sprunghaften Welt nicht oft üben. Wir wollen uns nicht lange und intensiv mit einer Sache aufhalten, viel zu viele Ablenkungen locken und rufen uns. Auf deinem Weg der Lichtkörperentwicklung aber ist die Kraft der Ausdauer unbedingt nötig, denn dieser Weg ist kein kurzer, und es gibt auch keine Abkürzungen, die dein Erwachen vielleicht schneller voranbringen. Dein Lichtkörperprozess ist gleichzeitig Ziel und Weg. Dein Ziel ist die volle Entfaltung deines Lichtkörpers und damit dein vollkommenes Erwachen und das all deiner Talente, Fähigkeiten und deines gesamten spirituellen Potenzials, und dein Weg ist die Reise zu diesem Ziel. Der Weg des spirituellen Erwachens verlangt sehr viel Ausdauer von dir, denn deine wahre Essenz zeigt sich dir erst, wenn du dazu bereit bist, wenn du alle deine lichtvollen Eigenschaften integriert hast und zu dem machtvollen Schöpferwesen wirst, das du in Wahrheit schon immer bist.

Aus den lichten Sphären werden dir viele Prüfungen und Aufgaben gestellt, und es wird immer wieder getestet, wie viel du bereits integriert hast und wo du in deiner Entwicklung stehst. Sei also darauf vorbereitet, dass es auch einige unerwartete Hin-

dernisse oder Verzögerungen geben wird, und gib nicht gleich auf, wenn nicht alles so läuft, wie du es dir vorgestellt hast oder wie du es gern haben möchtest.
Übe dich in Ausdauer, indem du deinem Weg kontinuierlich folgst. Erst, wenn du wirklich durch und durch in der lichtvollen Kraft der absoluten bedingungslosen Liebe und all der anderen wichtigen Eigenschaften, deren Übung dich zur Liebe führen, angekommen bist, wird sich das Tor der vollkommenen Erleuchtung vor dir öffnen.

ÜBUNG: Rezitiere das Gayatri-Mantra

Du kannst deine Ausdauer ganz wunderbar mit Affirmationen oder Mantras unterstützen. Übe immer achtundzwanzig Tage lang mit einem Mantra oder einer Affirmation, und nutze es danach immer wieder spontan, wie es in deinen Alltag und dein Leben passt.

Das Gayatri-Mantra ist sehr gut geeignet, wenn du Mantras liebst. Über viele Jahrhunderte hinweg wurde es im Verborgenen weitergegeben und war nur wenigen bekannt, denn es verströmt die Vollkommenheit des Lichts, die einzig wahre Wahrheit, und führt den, der es rezitiert, in die Sphäre der göttlichen Einheit. Lerne es auswendig, und singe oder sprich es immer wieder in sieben Wiederholungen oder einem Vielfachen von Sieben. Rezitiere es zum Beispiel, wenn du einen Spaziergang machst, Auto fährst, Hausarbeit verrichtest, vor dem Einschlafen, vor dem Tagesbeginn, vor deinen Meditationen.

Das Gayatri-Mantra durchlichtet deine Zellen und hilft dir dabei, Ausdauer auf eine sehr lichtvolle Art und Weise zu üben.

Der Text dieses besonderen Mantras lautet so:
OM BHUR BHUVAH SWAH
TAT SAVITUR VARENYAM
BHARGO DEVASYA DHIMAHI
DHIYO YO NAH PRACODAYAT

Wenn du lieber mit Affirmationen arbeitest, kannst du den folgenden Satz immer wieder wiederholen: »Beständig und erfüllt von tiefer Freude entwickle ich meinen Lichtkörper und folge meinem lichtvollen Weg des Erwachens.«

Weitere hilfreiche **TIPPS** und **ÜBUNGEN** für deine **LICHTKÖRPERREISE**

Gehe so oft wie möglich in die Natur, und umarme einen Baum. Wandere immer wieder draußen umher, und lausche der weisen Schulung, die dir die belebte Natur zufließen lässt. Sei es dein Baum, der Wind, das Wasser, die Erde, der Fels, die Pflanzen, die Insekten, die feinstofflichen Naturwesen, der Berg … du kannst sehr viel lernen, wenn du deine Sinne zur Ruhe kommen lässt, ganz still und entspannt bist und die tiefen Erkenntnisse über die Zusammenhänge von allem Lebendigen in dich aufnimmst. Mutter Erde und die belebte Natur sind eine unerschöpfliche Quelle der Weisheit und der Erkenntnisse auf deiner Lichtkörperreise. Die Entspannung und Reinigung, die du in der Natur finden kannst, helfen dir auch dabei, dein gesamtes Sein, vor allem aber deinen Geist, zur Ruhe kommen zu lassen. Aus dieser Entschleunigung und inneren Stille entstehen neue Ideen, denn deine kreativen Kräfte werden neu aktiviert. Lasse auf jeden Fall dein Smartphone zu Hause oder im Auto, wenn du dich in die Natur begibst.

Denke auf deinem Lichtkörperweg immer wieder daran, wie hilfreich Meditation für deine Entwicklung ist. Ob du in Stille und sitzend meditierst, an einem schönen Gewässer der Weisheit des Wassers lauschst, eine geführte Meditation anhörst, eine Gehmeditation machst, zu innerer Stille und Ruhe durchs Malen findest oder dich Qi Gong oder Yoga in deine innere Mitte führen und dein geschwätziges Denken zur Stille bringen, welchen Weg der Meditation und der Innenschau du auch wählst, wichtig ist, dass es regelmäßig geschieht. Meditation hilft dir dabei, in innere Klarheit und in deinen Frieden zu finden. Ein ruhiger Geist ist ein kreativer Geist. Deine mentale Stärke, deine Kreativität, deine innere Zufriedenheit, deine heitere Gelassenheit, deine emotionale Balance, dein Wohlbefinden, deine Konzentrationsfähigkeit, deine positive Lebensausrichtung – sie haben alle als Basis einen ruhigen Geist.

ÜBUNG: Die Gehmeditation

Dies ist eine kleine Übung, die du für alle lichtvollen Eigenschaften, die du in dein Energiefeld integrieren möchtest, einsetzen kannst. Suche dir einen Weg aus, den du möglichst jeden Tag gehen kannst. Nimm dir für einen Zeitraum von drei Wochen vor, was du in dir aktivieren möchtest, z. B. die Energie der Dankbarkeit. Gehe deinen Weg jeden Tag in einem angemessenen Tempo, und schließe dabei an jeder Hand deine Finger sanft um deinen Daumen. Während du gehst, wiederhole immer nur einen Satz, z. B.: »Mit jedem Schritt spüre ich, wie die Energie der Dankbarkeit durch mich hindurch- und aus mir hinausströmt. Ich bin Dankbarkeit.« Durch das Gehen und das gleichzeitige Wiederholen dieses Satzes erreichst du eine tiefe Schicht deines Unterbewusstseins, die Umsetzung im Tagesbewusstsein erfolgt dadurch schneller und anhaltend.

Diese Gehmeditation kannst du auch mit der Fülle, der Heilung, der Liebe, der Toleranz, dem Mitgefühl oder jeder beliebigen positiven Eigenschaft machen, die du integrieren oder anziehen möchtest. Dies ist eine sehr einfache und doch außerordentlich wirkungsvolle Übung. Wenn du lieber läufst, anstatt zu gehen, ist es ebenso möglich, diese Übung mit deinem täglichen Sport zu verbinden.

Nimm dir immer wieder Zeit, um Mandalas zu malen. Auf diese spielerische und leichte Weise zentrierst du dich und kannst tiefer in deiner inneren Gelassenheit ankommen. Mandalas werden seit Jahrhunderten zur Meditation und zur inneren Zentrierung angewendet. In den buddhistischen Klöstern werden oft über viele Wochen Mandalas aus farbigem Sand angefertigt. Dabei entstehen unvorstellbar komplexe und filigrane Kunstwerke. Es geht einfach nur um das Tun, darum, die volle Aufmerksamkeit und Achtsamkeit in das Hier und Jetzt zu lenken. Die kostbaren Sandmandalas werden nach ihrer Vollendung einfach wieder verwischt, und dadurch entsteht kein Anhaften an das, was getan wurde. Es ist einfach eine Achtsamkeitsübung – nicht mehr und nicht weniger. Auf deinem Entwicklungsweg zu einem voll erstrahlten Lichtkörper ist es unerlässlich, dass du ebenfalls immer wieder Übungen machst, die keine Absicht beinhalten. Lerne, das Tun in den Vordergrund zu stellen und nicht das Resultat überzubewerten.

Arbeite immer wieder mit der Lemniskate – der liegenden Acht, denn sie unterstützt dich dabei, deine männlichen und weiblichen Aspekte in die Balance zu bringen und besser mit der irdischen Welt umzugehen. Wir leben hier auf der Erde in einer dualen Welt, wir sind von Gegensätzen umgeben, und es fällt uns nicht immer leicht, die Gesetzmäßigkeiten der Dualität zu akzeptieren. Deshalb ist es sehr hilfreich auf deiner Reise, dass du dich mit der Dualität aussöhnst und sie als etwas Positives in dein Leben integrierst. Dadurch entstehen Balance, Frieden und Harmonie in dir, was wiederum zu mehr Zufriedenheit und einer höheren Lebensqualität führt. Die liegende Acht oder Lemniskate ist als Symbol schon seit Hunderten von Jahren im Einsatz. Unterschätze niemals ihre große Kraft. Sie erscheint vielleicht etwas unspektakulär, aber in ihr und ihrer Anwendung wohnt für den Eingeweihten ein unermesslicher Quell der Weisheit. Ihr Einsatz in deinem Alltag führt dich zu tiefen Erkenntnissen über die universellen Zusammenhänge und die Gesetzmäßigkeiten der irdischen Inkarnation. Sehr viele hilfreiche Übungen dazu findest du in meinem Buch und in meinem Kartenset »Die liegende Acht«.

Richte deine Aufmerksamkeit auch auf deine Freundschaften und darauf, mit wem und in welcher Energie du deine freie Zeit verbringst. Es ist sinnvoller, weniger Freunde zu haben, dafür aber solche, die deiner energetischen Schwingung entsprechen. Du merkst daran, dass du dich nach einem Treffen entweder aufgeladen oder müde und zerschlagen fühlst, ob du die richtigen Kontakte hegst und pflegst. Handle, und warte nicht, bis sich irgendetwas von selbst regelt. Erinnere dich daran, dass du für dich und deine Lebensgestaltung verantwortlich bist.

Es ist zuträglicher und auch hilfreicher, wenn du freie Zeit mit dir verbringst und dadurch mehr Qualität in dein Leben fließen kann, als dich mit Menschen zu umgeben, die dir Energie abziehen. Lerne, allein zu sein, ohne dich einsam zu fühlen. Sei dir selbst genug, und wähle weise, mit wem du deine Zeit teilen willst. Schon in sehr jungem Alter habe ich mich für Weltliteratur interessiert und viel gelesen. Ein wichtiger Wegweiser für mich wurde damals Hermann Hesse. Er schreibt in einem seiner Werke, dass es keinen Sinn für uns ergibt, unser Leben mit Menschen zu verbringen, die nur unsere freie Zeit füllen, uns aber langweilen, uns nicht verstehen, unseren Geist stumpf werden lassen – Menschen, die auf einem anderen energetischen und geistigen Pfad unterwegs sind, mit denen uns nichts verbindet. Dies ist vergeudete Lebenszeit.
Verbringe deine Zeit hauptsächlich mit Menschen, die deinen Geist befeuern, die dich verstehen und die du verstehst, die dich inspirieren, die dich lebendig und frei sein lassen, die dich zum Lachen bringen, die dich so akzeptieren und lieben, wie du bist, die dir zuhören und weise Antworten für dich haben, die dir dabei helfen, deine Flügel auszubreiten und zu fliegen, und die deine Welt mit dir teilen. Diese Menschen bereichern dein Leben und du ihres – tolerante, umsichtige, mitfühlende, liebevolle und humorvolle Herzensmenschen. Vielleicht gibt es davon nicht so viele in deinem Leben, dann vertraue darauf, dass diejenigen, mit denen du gleich schwingst, in dein Leben finden, sobald du Platz für sie erschaffst. Ein wahrer Freund ist mehr wert als Hunderte vermeintliche.

Bevor du zu Bett gehst, ist es wichtig, den Tag zu überdenken, dich für alles, was du gut gemacht hast, zu loben und alles andere einfach mit einem Ausatmen bei diesem Tag zu belassen. Dieser Tag ist zu Ende, und alles Geschehene liegt bereits in der Vergangenheit. Es ergibt also überhaupt keinen Sinn, an dem Alten hängen zu bleiben. Auf diese Weise nimmst du es nicht in die Nacht und in den neuen Tag mit. Bedanke dich für alles, was du erleben durftest, und danke auch deinem Schutzengel für seine Unterstützung und seine unermüdliche Hilfe. Stelle um dein Bett acht Engel auf, zwei an jeder Seite, zwei am Kopfende und zwei am Fußende. Diese Engel stehen als Vertreter deiner himmlischen Begleiter. Sie breiten ihre Flügel aus und hüllen dich und deinen Körper in ihre himmlische Energie. Bitte sie um Schutz für deinen Körper, wenn deine Seele während der Nacht auf Reisen ist. Es ist wichtig, dass dein physischer Körper gut behütet durch die Nacht geht, sodass deine Seele bei ihrer Rückkehr deinen Körper wieder ganz und gar unversehrt vorfindet. Bedanke dich am folgenden Morgen bei den acht Engeln für ihren Schutz während der Nacht, und entlasse sie für den Tag.

Für einen sanften Tagesausklang kannst du mit einer Hand auch über dein Bett eine große liegende Acht zeichnen. Lasse den Tag ruhig und harmonisch hinter dir, indem du schöne Musik hörst, einen kurzen positiven Text liest, deine Affirmationen wiederholst oder einfach nur deinen schönsten Tagträumen nachhängst. Der Abend ist genauso wichtig wie der Morgen, denn du bereitest dich auf die Nacht vor. Je bewusster du deinen Tag abschließt und in die Nacht gehst, desto besser werden dein Schlaf und deine nächtliche Reise sein. Achte darauf, dass dein Energiefeld gereinigt ist, und baue auch für die Nacht die lichte Schutzsphäre um deinen Körper auf.

LEBE in von LICHT erfüllten Räumen

Der Einfluss der Räume, in denen du dich aufhältst, ist ebenfalls wichtig für die Entwicklung deines Lichtkörpers. Es macht einen Unterschied, ob du dich in deinem Heim wohlfühlst oder nicht. Achte darauf, dass dein Zuhause lichterfüllt und energetisch gereinigt ist. Je weiter du auf deiner Reise voranschreitest, desto sensibler reagierst du auf Energien. Dein Zuhause soll ein Ort der Regeneration und des Schutzes sein, unterschätze also nicht seinen Wert. Achte auf Sauberkeit und Ordnung, denn dein Energiefeld nimmt auch diese Energien auf. Ganz allgemein gesagt, entsteht durch die äußere Ordnung auch eine Ordnung in dir. Werde dir ebenfalls bei deinem Heim der Energien von Dankbarkeit, Liebe, Achtsamkeit, Schutz und Freiheit bewusst, und überlasse nichts dem Chaos oder aus Bequemlichkeit der Unordnung.

Setze Dekorationsmaterial und Farben immer bewusst ein, und nimm die Unterstützung und die Kraft dieser Hilfsmittel an. Ebenso verhält es sich mit den Räumen, in denen du arbeitest. Gestalte sie so, wie sie für dich passend und förderlich sind. Reinige auch deine Arbeitsräume immer wieder von allen ihnen anhaftenden Energien.

So, wie Gegenstände dein Heim belasten können, ist es auch mit Energien. Ein Streit, ein unangenehmes Gespräch, schwere Gedanken oder unerwünschter Besuch können die Energie in deinem Zuhause beeinträchtigen. Deshalb ist wichtig, dass

du regelmäßig energetische Reinigungen, ein Space Clearing, durchführst. Dabei arbeitest du mit Rauch, energiereichem Wasser, Klang, Blüten und Edelsteinen.
Mache zuerst eine Bestandsaufnahme deiner Wohnräume, indem du überall, in die unterschiedlichen Räume und Bereiche, hineinfühlst. Verwende dann eine Reinigungsräucherung, mit der du durch deine Räume gehst, um den Rauch überall zu verteilen, in alle Ecken und unter all dein Mobiliar. Die Fenster und Türen deines Zuhauses bleiben dabei geschlossen. Wenn du mit dem Räuchern fertig bist, öffne sie, damit der Rauch und mit ihm die negativen Energien abziehen können.
Wenn sich der Raum klar anfühlt, kommt das energetisierte Wasser ins Spiel. Verwende dafür Rosenwasser in einer Sprühflasche, und sprühe es in deine Räume. Gehe dann mit einer Klangschale, einer Klangkugel oder einer Glocke durch alle Räume.
Stelle anschließend einen Blumenstrauß und einen energetisierten Edelstein in deinem Hauptwohnraum auf. Energetisiere den Stein, indem du ihn zuerst unter fließendem Wasser reinigst, dann in deinen Händen trocknest und dich dabei auf die positive Energie konzentrierst, die du in deinen Räumen haben möchtest, z. B. Fülle, Liebe, Dankbarkeit, Harmonie … Der Edelstein nimmt deine Bitte auf und gibt sie während der nächsten Wochen in energetischen Wellen an deine Räume ab. Wiederhole das Clearing immer dann, wenn du fühlst, dass es notwendig ist. Denke immer daran, dass deine Wohnräume deine Oase der Ruhe, der Erholung, der Regeneration, des zwischenmenschlichen Miteinanders, des Friedens, der gelebten Liebe … sind. Behandle sie deshalb mit Achtsamkeit und Sorgfalt.

Du lebst in einem Körper, und auch er liebt unterstützende Mittel, z. B. Essenzen, energetische Sprays, Symbole der Heiligen Geometrie, Düfte, Tinkturen, Cremes, Heilsteine, Kerzen … Ein kleines und sehr schönes Angebot von energetischen Produkten, die ich selbst aus meinen langjährigen Erfahrungen und mithilfe der feinstofflichen Welten entwickelt habe, findest du in meinem Onlineshop www.meinavalon.com. Ebenso bietet dir der ausgewählte Fachhandel ein großes Angebot an kraftvollen Hilfsmitteln für deine Lichtkörperreise. Verlasse dich immer und ausschließlich auf deine innere Stimme. Empfehlungen von außen können sehr hilfreich sein, aber die letztlich weiseste Person bist du selbst, und deine innere Stimme wird dich immer zu den für dich passenden Unterstützungsmitteln leiten.

Der äußere Raum hat einen unmittelbaren Einfluss auf deine Energiefelder, auf deinen inneren Raum und auch auf deinen Lichtkörperprozess.

HEUTE ist ein guter Tag für deinen NEUBEGINN

Warum ich diese alltäglichen, ja, beinahe schon banalen Dinge hier anspreche, hat den einfachen Grund: Die meisten Menschen haben diese leichte Art der Veränderung vergessen oder weisen ihr eben keinen besonderen Stellenwert bei ihrer spirituellen Entwicklung zu.
Der Lichtkörperprozess ist ein Gesamtkonzept, das alle Lebensbereiche beinhaltet, und es ist außerordentlich wichtig, dass du das verstehst und entsprechend handelst. Du wirst bemerken, wie dein Lichtkörper einen Entwicklungsschub macht, wenn du auch diese alltäglichen Dinge neu ordnest und ihnen die entsprechende Aufmerksamkeit zufließen lässt.
Die hermetische Gesetzmäßigkeit – »wie innen, so außen« oder »wie oben, so unten« – solltest du ernst nehmen und noch heute beginnen, sie umzusetzen.

Du wünschst dir eine Neue Welt, die getragen sein soll von Liebe, Frieden und Mitgefühl? Wenn du und wir alle vom Wünschen ins Handeln gehen und beginnen, unser volles Lichtpotenzial wieder zu entfalten und auch zu nutzen, dann wird diese Welt auf jeden Fall wieder zu dem Paradies, als das wir sie in unserem Seelenkern bereits wahrnehmen.
Ich kann dich nur noch einmal dazu ermutigen, zu dem leuchtenden Stern zu werden, der du in Wahrheit bist. Die Entwicklung deines höchsten Potenzials, das in dir immer da war und ist, soll dir Freude bereiten und dich aus den irdischen Verstrickungen befreien.

Sobald du damit beginnst, deinen Lichtkörper zu entwickeln, geht es immer nur vorwärts – Schritt für Schritt, Stufe um Stufe, Ebene um Ebene, immer in Richtung deines vollkommenen Erwachens. Das Ziel deiner Seele ist es, dein mitgebrachtes Potenzial zu erkennen und zu entwickeln, um es zum Wohl aller Wesen und für die Erde einzusetzen.

Du bist ein Lichtarbeiter, also entfalte deinen lichten Körper, so, als würdest du lange vergessene Flügel ausbreiten, um wieder zu fliegen. So wird dir dein Lichtkörper das Gefühl der Freiheit und des Weitblicks zurückbringen. Die Mysterien des Seins und die Zusammenhänge der universellen Gesetzmäßigkeiten können sich dir offenbaren, und dein Leben wird erfüllt von innerem Reichtum, Weisheit und allumfassender Liebe.

Ich möchte dir gern zum Abschluss dieses Buches noch ein paar Zeilen mit auf deinen Weg geben. Sie sind nicht von mir erschaffen, begleiten mich aber schon sehr lange auf meinem Entwicklungsweg. Ich lese sie immer wieder gern und meditiere über sie. Der Ursprung ist leider unbekannt, und deshalb kann ich die Quelle auch nicht benennen. Die Worte sind von einer schlichten Weisheit, die jedoch vieles beinhaltet, was uns auf unserer Reise zu uns selbst unterstützen kann.

ICH LIEBE MICH

Ich liebe mich so, wie ich bin,
dafür muss ich mich nicht verändern!
Ich liebe mich so, wie ich bin,
es gibt nichts abzuändern.
Ich bin wundervoll und sehr begabt,
ich geb mit allem Sein mein Bestes,
und ich liebe mich – genau so, wie ich bin.

Ich liebe dich so, wie du bist,
dafür musst du nichts tun!
Denn wenn ich mit mir selbst die Liebe bin,
dann ist es einfach, auch dich zu lieben.
Denn hinter deinen Tränen, deiner Wut und deinen Ängsten
seh ich deinen leuchtenden Stern,
und deshalb liebe ich dich – genau so, wie du bist.

Ich liebe die Welt so, wie sie ist,
weil ich klar sehen kann,
dass alle Dinge, die ich verurteile und bewerte,
ein Werk von Menschen sind, die sind wie ich.
Doch bis zu jenem Tag, an dem Frieden hier auf Erden herrscht,
den nur die Liebe bringen kann,
will ich helfen, dass er stetig wächst, indem ich alles liebe.

Ich liebe mich so, wie ich bin,
und trotzdem möcht ich weiterwachsen.
Veränderung im Außen gibt es nur,
wenn ich in meinem tiefsten Inneren weiß:
Ich bin wundervoll und sehr begabt,
ich geb mit allem Sein mein Bestes,
und ich liebe mich – genau so, wie ich bin.

Ich würde mich sehr darüber freuen,
wenn die Anregungen in diesem Buch zu
kleinen hilfreichen Freunden für dich werden,
die dich zur vollen Entfaltung deines Lichtkörpers
tragen. Lasse dein Licht und deine Weisheit
erstrahlen, und erhelle damit die Welt.

Über die Autorin

Barbara Heider-Rauter ist ausgebildete Pädagogin und Therapeutin mit jahrelanger praktischer Erfahrung. In ihren Seminaren und Ausbildungen sieht sie sich als liebevolle und klare Wegweiserin für jeden wahrhaft Suchenden. Ihre tiefen Einsichten in die geistigen Zusammenhänge und in die nicht sichtbaren Welten ermöglichen ihr ein Erkennen der Einzigartigkeit jedes Individuums und seine Ausrichtung auf das innere Licht. Sie ist auch eine der führenden Aura-Soma-Expertinnen und unterrichtet dieses wundervolle Farbsystem. Ihre Arbeit ist immer auf das Wohl sowie die höchste Entwicklungsmöglichkeit jedes Einzelnen ausgerichtet. Sie leitet Meditationsabende, Seminare zur persönlichen Entwicklung, Seminarreisen nach England zu den mystischen Stätten der König-Arthur-Sage und Herzreisen nach Irland. Seit über 20 Jahren führt sie ein spirituelles Fachgeschäft in Salzburg und bietet den suchenden Menschen damit eine Basis für das Zusammentreffen von Gleichgesinnten.

www.avalon-spirit.com
www.barbara-heider-rauter.com
www.meinavalon.com

136 Seiten, ISBN 978-3-8434-1244-5

44 Karten mit Begleitbuch
ISBN 978-3-8434-9123-5

Barbara Heider-Rauter

Die Kraft der liegenden Acht
Mit der Lemniskate zu unendlicher Harmonie

Barbara Heider-Rauter

Die liegende Acht
Tägliche Impulse für die innere Meisterschaft

Die liegende Acht, auch als Lemniskate bekannt, steht für das Unendliche, die immerwährende Entwicklung und den Ausgleich. Sie bringt uns in vollkommene Balance und Harmonie. Barbara Heider-Rauter nimmt uns mit in die spirituelle Welt der liegenden Acht. Wir erfahren alles Wissenswerte zu diesem lichtvollen Symbol.

Bildnachweis

Von der Bilddatenbank www.shutterstock.com:
oberer Seitenrand: # 273104099 (© SSDDavid), # 440548135 (© Zakharchuk); unterer Seitenrand: # 1039301011(© 3DDock); Sonnensymbol: # 788810032 (© Croisy); Merkaba: # 1703547052 (© Veronika By); Zierornament: # 82853245 (© AnastasijaD)
S. 6: # 1604568796 (© Kristina Ziukova), # 1471790456 (© Birgit Muench), # 640913035 (© Elesey), # 1948200115 (© Marisha); S. 12: # 1708749646 (© Kjpargeter), # 640913035 (© Elesey), # 1073397677 (© evryka), # 466548761 (© Elesey), # 1296006028 (© Panimoni), # 1703547052 (© Veronika By); S. 18: # 1466481890 (© Birgit Muench); S. 30: # 640913035 (© Elesey), # 162235250 (© Sanit Fuangnakhon); S. 42: # 790171087 (© Beautiful landscape); S. 48: # 640913035 (© Elesey), # 253814167 (© IgorZh); S. 61: # 532786735 (© Alicia G. Monedero); S. 62: # 640913035 (© Elesey), # 1754551370 (© My Good Images); S. 70: # 640913035 (© Elesey), # 1349272073 (© Evgeniyqw), # 1873587388 (© PHOTOARTDESIGN); S. 94: # 351379106 (© Nikki Zalewski), # 326102588 (© Calmara); S. 118: # 601321796 (© Sanit Fuangnakhon), # 1782024392 (© Nikki Zalewski); S. 128: # 640913035 (© Elesey), # 258357746 (© Bruce Rolff), # 1782024392 (© Nikki Zalewski); S. 132: # 640913035 (© Elesey), # 1035309715 (© Vladi333), # 1467369677); S. 135: # 1471790456 (© Birgit Muench), # 258016952 (© Linda Shutoff); S. 148: # 1558314449 (© Love Solutions)